Krzysztof Mucha

Sd.Kfz. 173 Jagdpanther

Sd.Kfz. 173 *Jagdpanther* is a German tank destroyer developed by Krupp and Daimler-Benz. The order was placed in August 1943 and the vehicle entered service in the first months of 1944. It was armed with a very effective anti-tank gun. PaK 43 cal. 88 mm. The destroyer's combat compartment was armoured with 40 to 100 mm thick (front plate) armour plates. From January 1944, 415 pieces were produced (at the MIAG, MNH and MBA factories).

The vehicle was based on the chassis of the *Panther* Ausf. G, but it didn't have as many technical problems as the mentioned tank. Due to the favourable power-to-weight ratio, *Jagdpanther* had good performance and maneuverability. Together with a powerful cannon, which was able to destroy any allied armoured vehicle that time, it made it an extremely effective and dangerous destroyer.

Vehicles were used by independent tank destroyer battalions. *Jagdpanthers* debuted in Normandy in 1944 (within 555th and 654th Panzerjagerabteilung), achieving great successes. Also during the offensive in the Ardennes, the Allies took a toll on them. They appeared on the Eastern Front in the autumn of 1944, effectively fighting all Soviet armoured guns and heavy tanks, including IS-2.

The vehicle was produced in two main variants. The early version – designated as G1 – had a smaller yoke that was welded to the hull, a modified engine compartment from the *Panther* Ausf. A and two driver's visors. In the later version – G2 – the *Panther* Ausf. G engine compartment was used, one driver's visor and a larger yoke which was bolted to the front plate with screws. There were also many hybrid variants combining the features of both versions. Until September 1944, *Jagdpanthers* were covered with *Zimmerit* in the form of characteristic squares, and not the more popular "snakes".

Jagdpanthers proved to be the most effective German tank destroyers, but they appeared too late and in too few numbers to significantly influence the course of the war.

Sd.Kfz. 173 *Jagdpanther* to niemiecki niszczyciel czołgów opracowany w zakładach Kruppa i Daimler-Benz. Zamówienie złożono w sierpniu 1943 r., a pojazd wszedł do służby w pierwszych miesiącach 1944 r. Jego uzbrojenie stanowiła bardzo skuteczna czołgowa armata ppanc. PaK 43 kal. 88 mm. Przedział bojowy niszczyciela opancerzono płytami pancernymi o grubości od 40 do 100 mm (przednia płyta). Od stycznia 1944 r. wyprodukowano 415 wozów tego typu (w fabrykach: MIAG, MNH i MBA).

Pojazd bazował na podwoziu *Panther* Ausf. G, ale nie cierpiał na tak wiele problemów technicznych jak wspomniany czołg. Ze względu na korzystny stosunek mocy do wagi, *Jagdpanther* dysponował dobrymi osiągami i manewrowością, a potężne działo, które było w stanie zniszczyć każdy ówczesny pojazd pancerny aliantów, sprawiało, że był to niezwykle skuteczny i niebezpieczny niszczyciel.

W pojazdy te wyposażono samodzielne bataliony niszczycieli czołgów. *Jagdpanthery* przeszły swój chrzest bojowy w Normandii w 1944 r. (w składzie 555. i 654. Panzerjagerabteilung), osiągając duże sukcesy. Również w trakcie ofensywy w Ardenach mocno wdały się we znaki aliantom. Na froncie wschodnim pojawiły się jesienią 1944 r., skutecznie zwalczając wszystkie radzieckie działa pancerne i czołgi ciężkie, w tym IS-2.

Pojazd produkowano w dwóch głównych wariantach. Wersja wczesna – oznaczona jako G1 – posiadała mniejsze jarzmo działa, które spawano z kadłubem, zmodyfikowany przedział silnikowy z czołgu *Panther* Ausf. A oraz dwa wizjery kierowcy. W wersji późniejszej – G2 – zastosowano przedział silnikowy *Panther* Ausf. G, jeden wizjer kierowcy oraz większe jarzmo, które przykręcano do kadłuba za pomocą śrub. Powstało również wiele wariantów hybrydowych, łączących cechy obu wersji. Do września 1944 r. *Jagdpanthery* pokrywano *Zimmeritem* w formie charakterystycznych kwadracików, a nie popularniejszych "wężyków".

Jagdpanthery okazały się najskuteczniejszymi niemieckimi niszczycielami czołgów, ale pojawiły się zbyt późno i w zbyt małej liczbie, aby w znaczący sposób wpłynąć na przebieg wojny.

Sd.Kfz. 173 Jagdpanther • Krzysztof Mucha
First edition / Wydanie pierwsze • LUBLIN 2020 • ISBN 978-83-66148-77-2

© All rights reserved. / Wszystkie prawa zastrzeżone. Wykorzystywanie fragmentów tej książki do przedruków w gazetach i czasopismach, w audycjach radiowych i programach telewizyjnych bez pisemnej zgody Wydawcy jest zabronione. Nazwa serii zastrzeżona. Printed in Poland / Wydrukowano w Polsce
Translation / Tłumaczenie: **Stanisław Powała-Niedźwiecki** • Color profiles / Plansze barwne: **Arkadiusz Wróbel, Adam Rejmak** • Scale drawings / Rysunki techniczne: **Krzysztof Mucha** • Design: **KAGERO STUDIO**

Distribution / Dystrybucja: **Kagero Publishing** • www.kagero.pl • e-mail: kagero@kagero.pl, marketing@kagero.pl
Editorial Office, Marketing / Redakcja, Marketing: Kagero Publishing, ul. Akacjowa 100, os. Borek, Turka, 20-258 Lublin 62, Poland, phone/fax +48 81 501 21 05

Jagdpanther

Sheet/Arkusz 1

Befehls-Jagdpanther from early MIAG works' production series
Befehls-Jagdpanther z wczesnej serii produkcyjnej zakładów MIAG

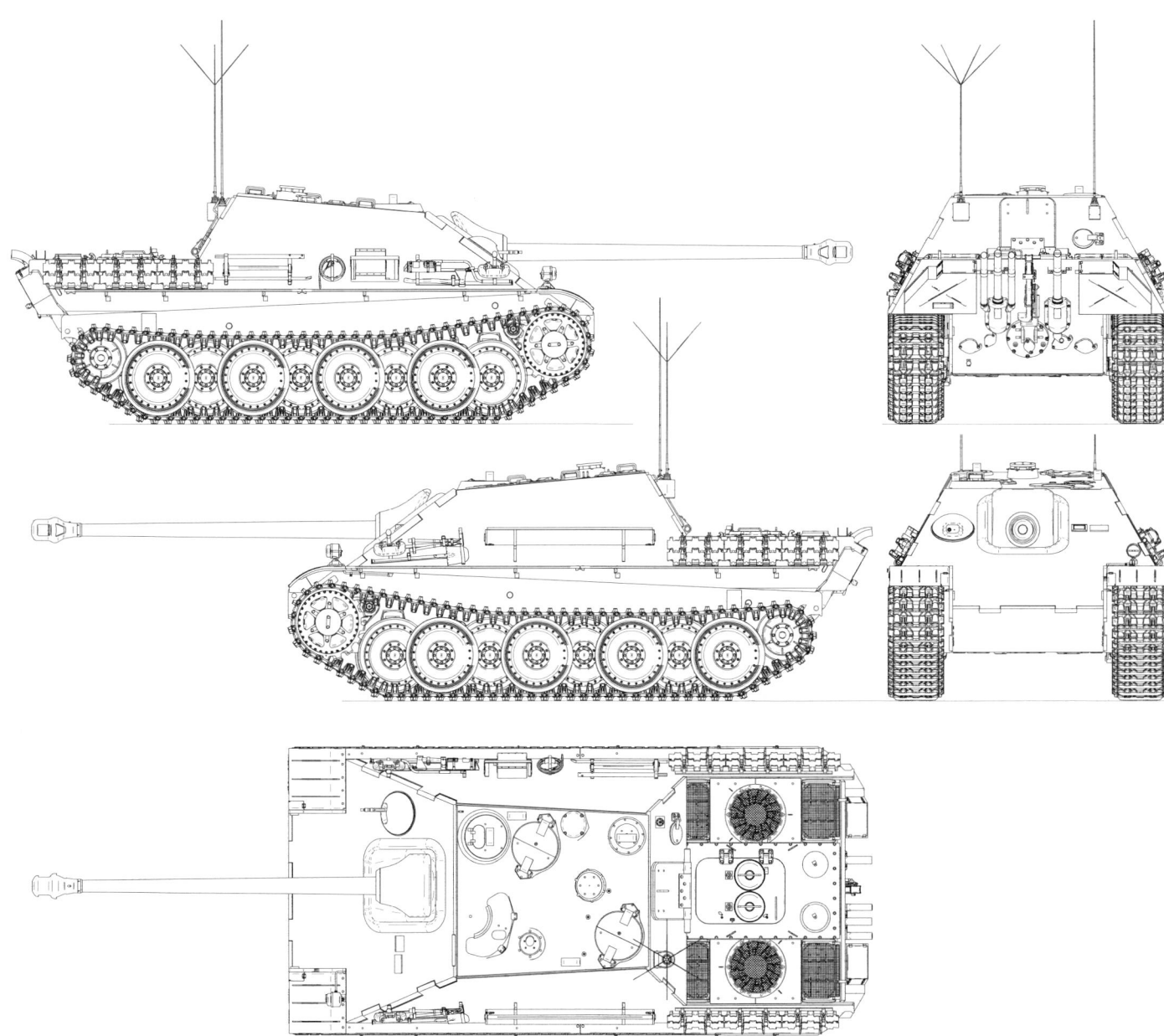

Scale/skala: 1/72

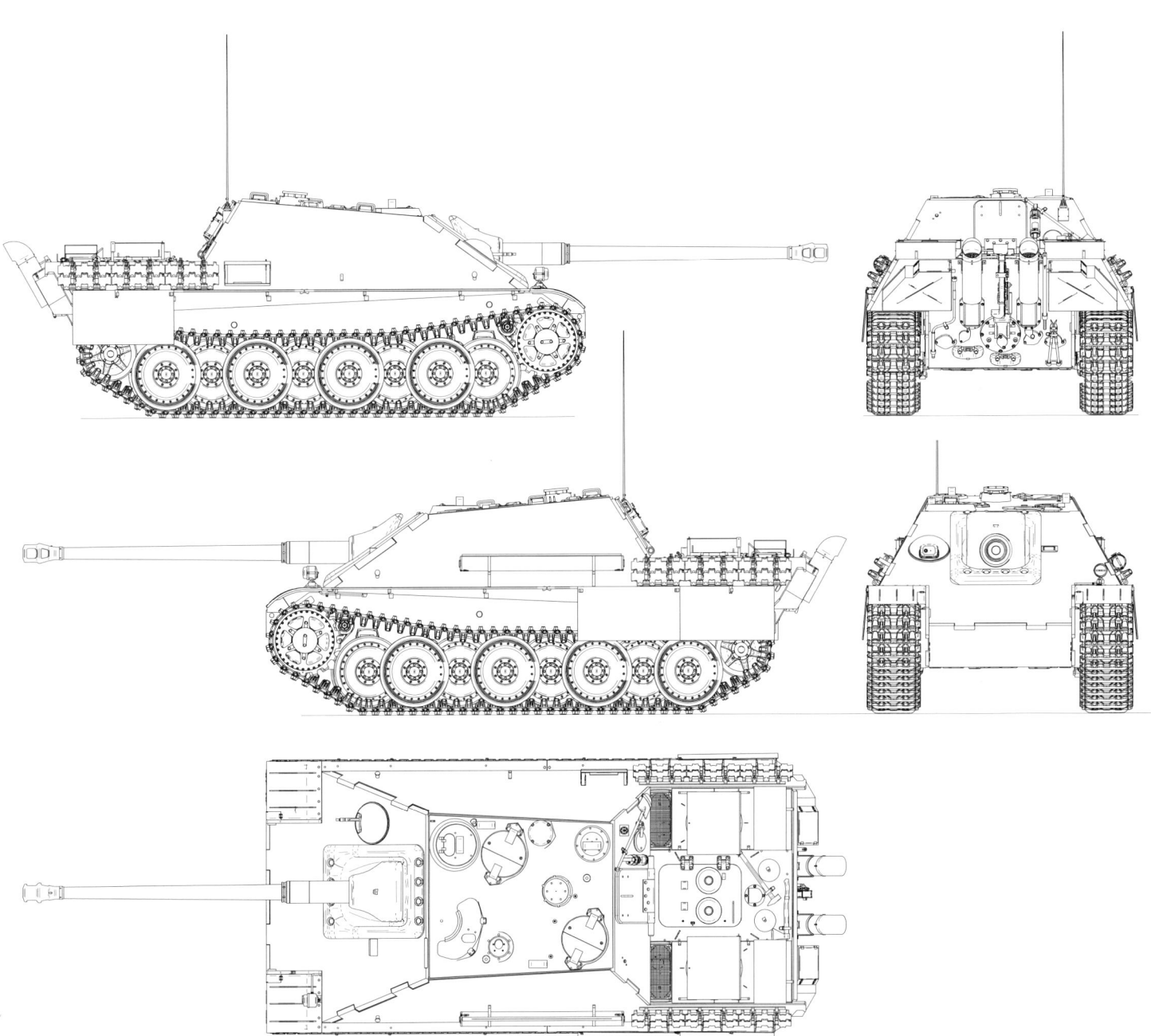

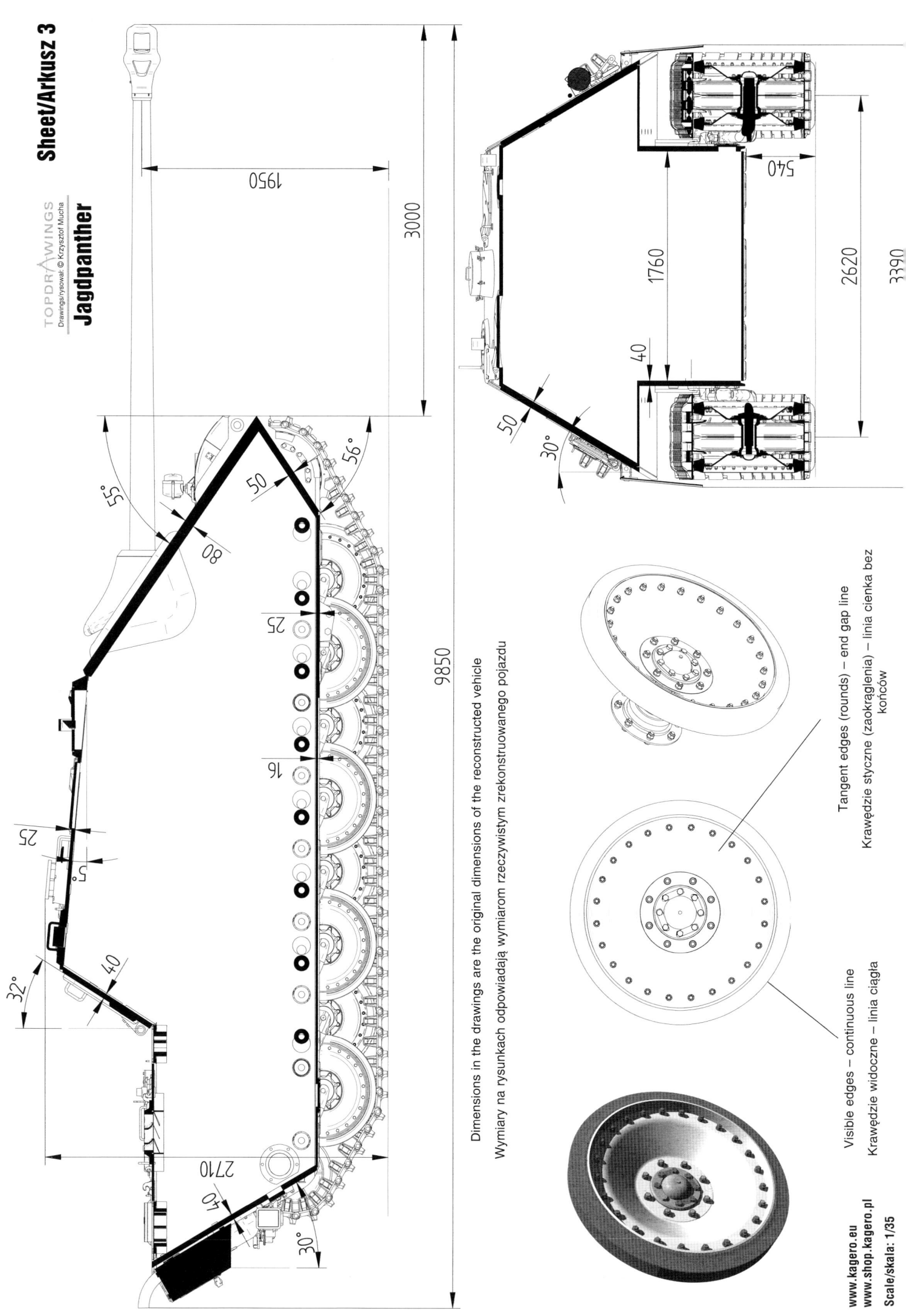

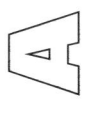

Jagdpanther

Sheet/Arkusz 4

Drawings/rysował: © Krzysztof Mucha

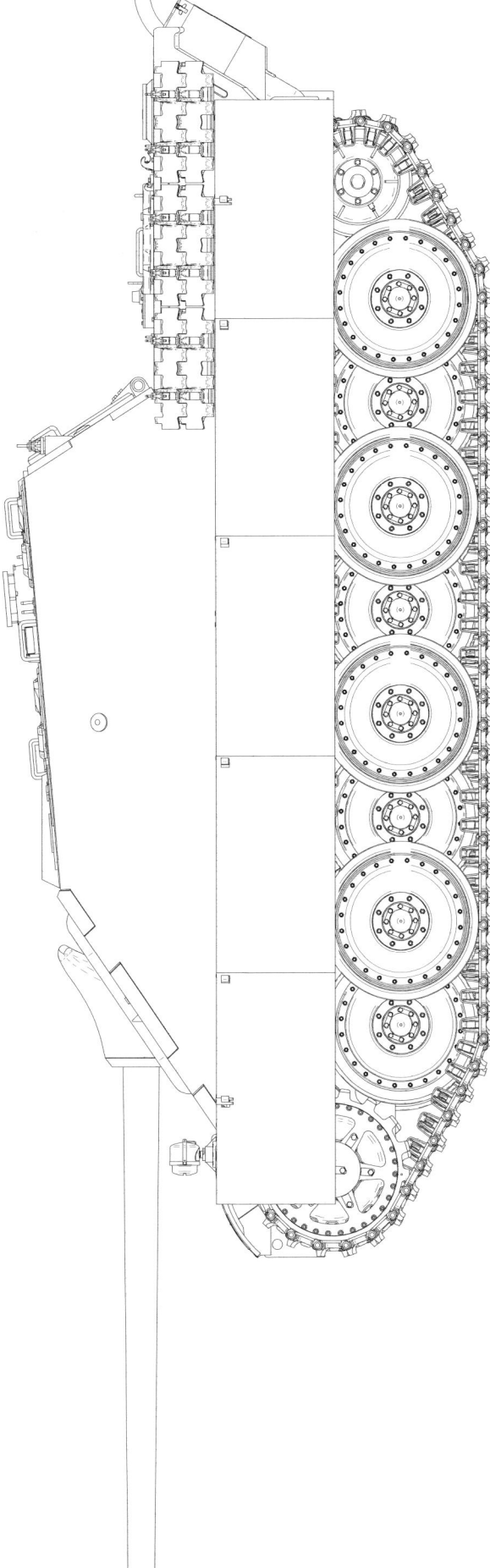

The first Jagdpanther prototype
– head plate of the combat compartment with two driver's periscopes, periscopes are not shielded,
– plugable firing ports in back and side walls of the combat compartment (five pieces),
– early version of cannon's yoke cover, yoke's flange screwed from the inside of the head plate,
– early version of machine gun cover on head plate, lack of machine gun, firing port plugged, plug attached with a short chain to a handle just above the MG cover,
– one-piece Pak 43/3 cannon with an old type of muzzle brake,
– an opening for an anti-personnel grenade launcher (Nahverteidigungswaffe) on combat compartment's upper plate covered by a sheet metal and screwed on with four bolts,
– upper plate's hatch covers with one lock,
– back hull's jack installed horizontally,
– cooling air inlets and outlets on the engine deck probably not covered by wire mesh,
– 2-meter stub aerial's base installed on back wall of the combat compartment, but on its left,
– engine deck coming from Pz.Kpfw. V Panther Ausf. A-a round air inlet's opening covered by a shield that was screwed on with eight bolts, 2-meter stub aerial base in front of left outlet fan,
– lack of bore brush box and of tool-holding frames,
– early version of idler wheels (diameter – 600 mm),
– single exhaust pipes with cast shields,
– 86 track link tracks, without spurs,
– 5mm thick sheet metal shields covering lower hull sides,
– lack of Zimmerit coating,
First prototype (V 101) of MIAG factory origin, view from late October 1943.

Pierwszy prototyp Jagdpanther
– płyta czołowa przedziału bojowego z dwoma peryskopami kierowcy, peryskopy nie posiadają jeszcze osłon,
– otwory strzelnicze w tylnej i bocznych ścianach przedziału bojowego (łącznie pięć sztuk) wraz z zatyczkami (MP-Stopfen),
– osłona jarzma armaty wczesnego typu, kołnierz osłony jarzma armaty przykręcany od wewnątrz płyty czołowej,
– na płycie czołowej osłona km-u wczesnego typu, brak km-u, otwór strzelniczy zasłonięty zaślepką, zaślepka przypięta krótkim łańcuszkiem do uchwytu znajdującego się zaraz nad osłoną km-u,
– armata Pak 43/3 o jednoczęściowej lufie i hamulcu wylotowym wczesnego typu,
– otwór na granatnik przeciwpiechotny (Nahverteidigungswaffe) w górnej płycie przedziału bojowego przykryty pokrywą z blachy, przykręconą czterema śrubami,
– pokrywy włazów na górnej płycie przedziału bojowego z jednym zamkiem,
– podnośnik na tylnej ścianie wanny mocowany poziomo,
– prawdopodobnie wloty i wyloty powietrza na płycie przedziału silnikowego nie były jeszcze przykryte siatkami,
– podstawa pod antenę 2 m zamocowana na tylnej ścianie przedziału bojowego ale po lewej jej stronie,
– płyta przykrywająca przedział silnikowy pochodząca z Pz.Kpfw. V Panther Ausf. A – okrągły otwór wlotu powietrza do przedziału silnikowego przykryty zaślepką przykręconą ośmioma śrubami, przed lewym wentylatorem wyciągowym podstawa anteny prętowej 2 m,
– brak pojemnika na wycior i stelaży z uchwytami na narzędzia,
– pojedyncze rury wydechowe, odlewane osłony wylotów rur wydechowych,
– koła napinające wczesnego typu (o średnicy 600 mm),
– gąsienice o 86 ogniwach, ogniwa gąsienic bez ostróg,
– ekrany płytowe o grubości 5 mm osłaniające boki wanny,
– brak pasty Zimmerit.
Pierwszy prototyp (V101) pochodzący z zakładów MIAG, wygląd z końca października 1943 r.

Scale/skala: 1/35

www.kagero.eu
www.shop.kagero.pl

Jagdpanther

Sheet/Arkusz 5

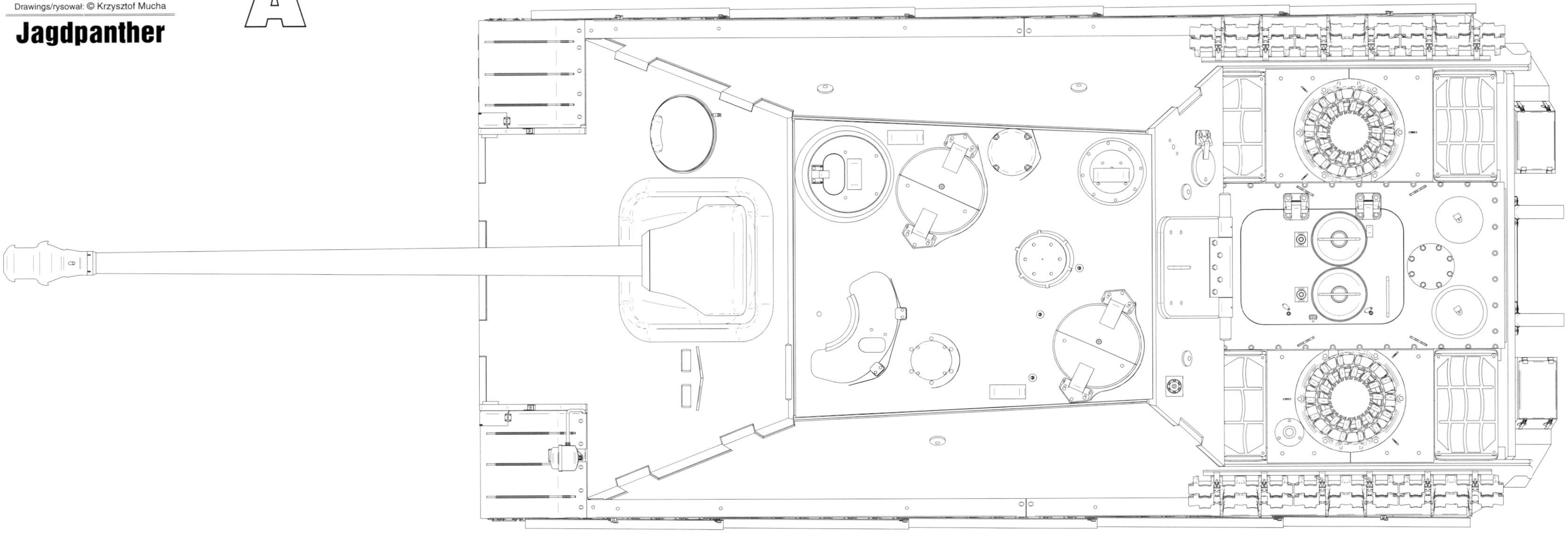

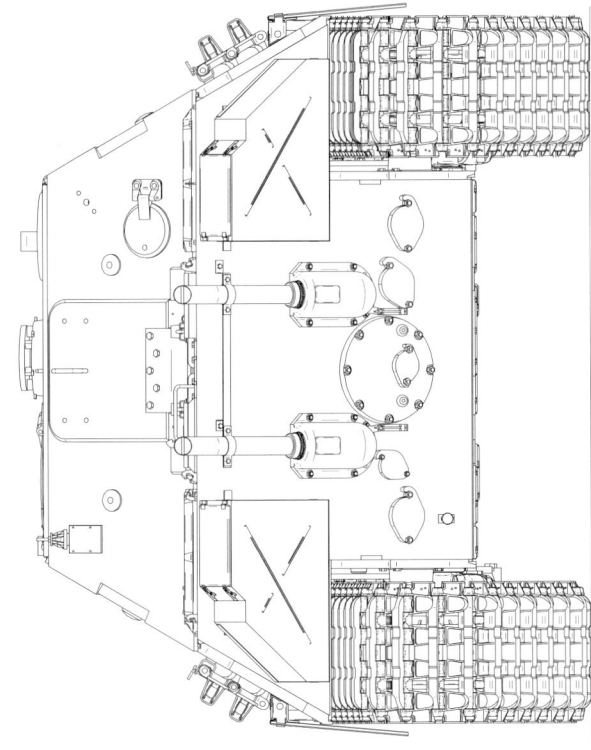

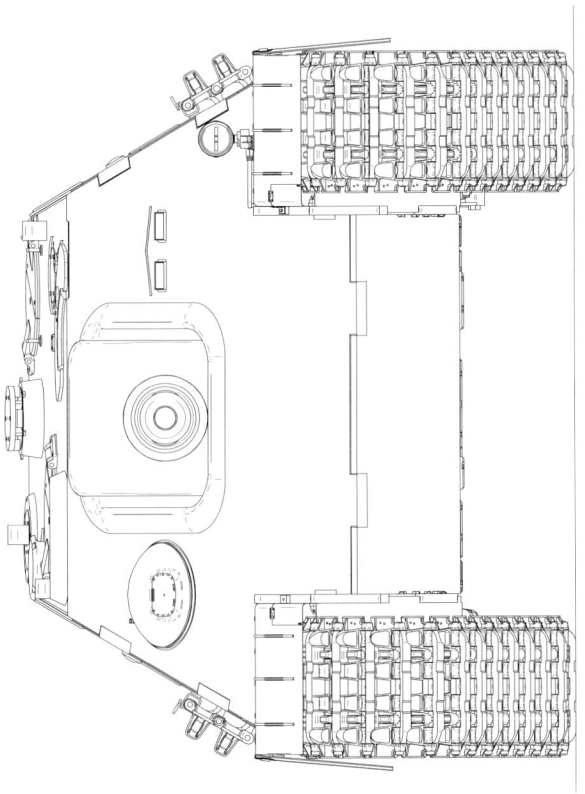

Hypothetical placement of rear firing ports
Prawdopodobne rozmieszczenie tylnych otworów strzelniczych

Jagdpanther

Sheet/Arkusz 6

TOPDRAWINGS
Drawings/rysował: © Krzysztof Mucha

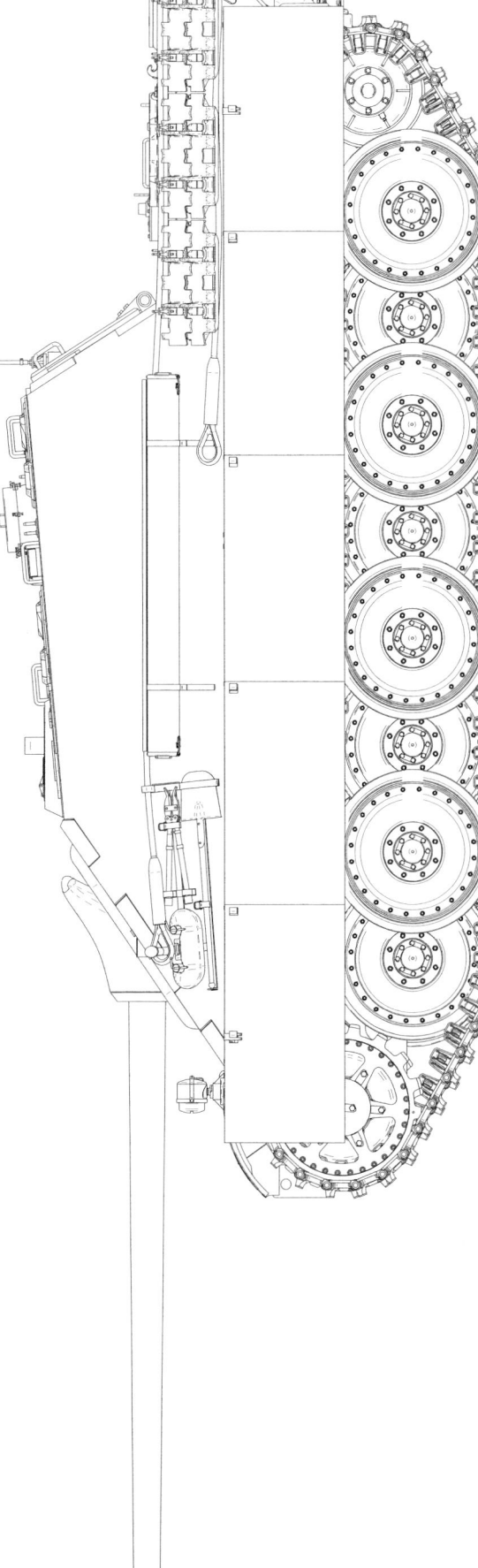

Jagdpanther – one of the first pieces manufactured by the MIAG works, production month: January or February 1944
– head plate of the combat compartment with two driver's periscopes,
– early version of yoke cover, cannon's yoke flange screwed from the inside of the head plate,
– one-piece Pak 43/3 cannon with an early type of muzzle brake,
– early version of machine gun cover on head plate,
– an opening for an anti-personnel grenade launcher (Nahverteidigungswaffe) on combat compartment's upper plate covered by a sheet metal and screwed on with four bolts,
– engine compartment's fan (on upper plate) covered with a lid,
– upper plate's hatches' covers with one lock,
– back hull's jack installed horizontally,
– cooling air inlets and outlets on the engine deck covered by wire mesh of rectangular holes,
– 2-meter stub aerial's base installed on back wall of the combat compartment, on its right, left aerial's fixing base on the combat compartment's back wall
– engine deck coming from Pz.Kpfw. V Panther Ausf. A-a round air inlet's opening covered by a stopper and screwed on with eight bolts, 2-meter stub aerial base in front of left outlet fan,
– bore brush and spare aerial boxes fixed on the right of the combat compartment,
– single exhaust pipes with cast shields,
– tool set fixed on side walls of combat compartment,
– left rear lamp fixed on left storage bin,
– early version of idler wheels,
– 86 track link tracks, with spurs,
– 5mm thick sheet metal shields covering lower hull sides,
– lower hull's and engine compartment's side walls Zimmerit coated,

A vehicle of 2nd company of s.Pz.Jg.Abt. 654. This unit was first to utilize Jagdpanther destroyers. This version's drawings are based on picture taken in May 1944 in Mailly le Camp, France, where the unit's artillery men were accustoming themselves with the new equipment (it was shipped to the unit in late April).

Jagdpanther – jeden z pierwszych wyprodukowanych egzemplarzy w zakładach MIAG, produkcja ze stycznia lub lutego 1944 r.
– płyta czołowa przedziału bojowego z dwoma peryskopami kierowcy,
– osłona jarzma armaty wczesnego typu, kołnierz osłony jarzma armaty przykręcany od wewnątrz płyty czołowej,
– na płycie czołowej osłona km-u wczesnego typu,
– armata Pak 43/3 o jednoczęściowej lufie i hamulcu wylotowym wczesnego typu,
– otwór na granatnik przeciwpiechotny (Nahverteidigungswaffe) w górnej płycie przedziału bojowego przykryta pokrywą z blachy, przykręconą czterema śrubami,
– osłona wentylatora głównego na górnej płycie przedziału bojowego przykryta pokrywą,
– pokrywy włazów na górnej płycie przedziału bojowego z jednym zamkiem,
– podnośnik na tylnej ścianie wanny mocowany poziomo,
– na płycie przedziału silnikowego wloty i wyloty powietrza chłodzącego przykryte siatkami o prostokątnych oczkach,
– antena zamocowana na tylnej ścianie po prawej stronie, otwory do mocowania podstawy lewej anteny w tylnej ścianie przedziału bojowego przykryte prostokątną płytką,
– płyta przedziału silnikowego pochodząca z Pz.Kpfw. V Panther Ausf. A – okrągły otwór wlotu powietrza do przedziału silnikowego przykryty zaślepką przykręconą ośmioma śrubami, przed lewym wentylatorem wyciągowym podstawa anteny prętowej 2 m,
– pojemnik na wycior i zapasowe anteny zamocowany na lewej ścianie przedziału bojowego,
– pojedyncze rury wydechowe, odlewane osłony wylotów rur wydechowych,
– komplet narzędzi mocowany na bocznych ścianach przedziału bojowego,
– tylna lampa zamocowana na lewym pojemniku,
– koła napinające wczesnego typu,
– gąsienice o 86 ogniwach, ogniwa gąsienic z ostrogami,
– ekrany płytowe osłaniające boki wanny,
– boczne powierzchnie wanny i przedziału bojowego pokryte pastą Zimmerit.

Pojazd z 2. kompanii s.Pz.Jg.Abt. 654, która to jednostka jako pierwsza otrzymała niszczyciele Jagdpanther. Zdjęcie, na podstawie którego wykonano rysunki tej wersji, pochodzi z maja 1944 r. z Mailly le Camp we Francji, gdzie jednostka zapoznawała się z nowo otrzymanym sprzętem (otrzymała go dopiero w końcowych dniach kwietnia).

www.kagero.eu
www.shop.kagero.pl

Sheet/Arkusz 7

Jagdpanther

TOPDRAWINGS
Drawings/rysował: © Krzysztof Mucha

Jagdpanther

Sheet/Arkusz 8

Drawings/rysował © Krzysztof Mucha

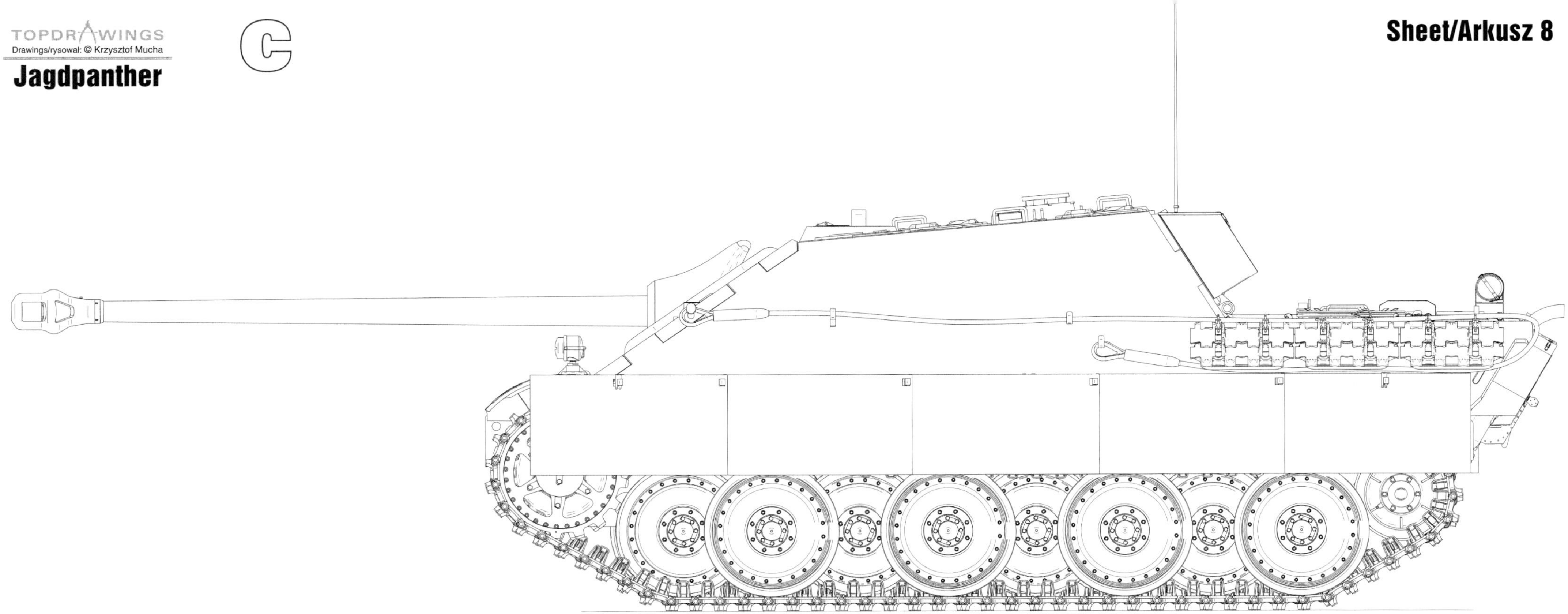

Early MIAG factory's production Jagdpanther
– head plate of the combat compartment with one driver's periscope with a small gutter overhead, anti-ricochet screen in front of the periscope, the opening left by the second periscope covered by a 15 mm thick plate,
– early version of yoke cover, cannon's yoke flange screwed from the inside of the head plate,
– one-piece Pak 43/3 cannon with an early type of muzzle brake,
– bore brush and spare aerial boxes moved onto engine covering plate,
– extra storage bin fixed on combat compartment's back wall,
– an opening for an anti-personnel grenade launcher (Nahverteidigungswaffe) on combat compartment's upper plate covered by a sheet metal and screwed on with four bolts,
– engine compartment's fan (on upper plate) covered with a lid,
– upper plate's hatches' covers with one lock,
– back hull's jack installed vertically,
– single exhaust pipes with cast shields,
– lack of tools set fixed on side walls of combat compartment, moved to the back wall of lower hull and onto engine covering plate,
– towing cables' clamps fixed on side walls of combat compartment,
– early version of idler wheels,
– 86 track link tracks, with spurs,
– 5mm thick sheet metal shields covering lower hull sides,
– Zimmerit coated lower hull.
Serial number 300027 Jagdpanther manufactured by the MIAG works in April 1944. Shipped to 3rd company of s.Pz.Jg.Abt. 654 in April 1944. [Tactical number 314, Commander- Sgt. (Feldwebel) Carstens.]. The vehicle took part in combat within KG Leuders. Damaged on June 30th, 1944 in the area of Migny (Benneville) during the Britain-led "Bluecoat" operation. Then, in the middle of August, it was transported to Great Britain, where it underwent testing.

Jagdpanther z wczesnej serii produkcyjnej zakładów MIAG
– płyta czołowa przedziału bojowego z jednym peryskopem kierowcy, nad peryskopem rynienka, przed peryskopem osłona przeciw rykoszetom, otwór po drugim peryskopie przykryty płytką o grubości 15 mm,
– osłona jarzma armaty wczesnego typu, kołnierz jarzma armaty przykręcany od wewnątrz,
– armata Pak 43/3 o jednoczęściowej lufie i hamulcu wylotowym wczesnego typu,
– osłona km-u wczesnego typu,
– pojemnik na wycior i zapasowe anteny przeniesiony na płytę silnikową,
– dodatkowy pojemnik zamocowany na tylnej ścianie przedziału bojowego,
– otwór na granatnik przeciwpiechotny w górnej płycie przedziału bojowego przykryto pokrywą z blachy, przykręconą czterema śrubami,
– pokrywy włazów na górnej płycie przedziału bojowego z jednym zamkiem,
– podnośnik na tylnej ścianie wanny mocowany pionowo,
– pojedyncze rury wydechowe, odlewane osłony wylotów rur wydechowych,
– brak narzędzi na bocznych ścianach wanny, narzędzia przeniesione na tylną ścianę wanny i na płytę silnikową,
– zaczepy na liny holownicze zamocowane na bocznych ścianach przedziału bojowego,
– koło napinające wczesnego typu,
– ogniwa gąsienic z ostrogami, 86 ogniw w gąsienicy,
– ekrany płytowe,
– kadłub pokryty pastą Zimmerit.
Pojazd o numerze seryjnym 300027, produkcji MIAG z kwietnia 1944 r. Przekazany został w kwietniu 1944 r. do 3. kompanii s.Pz.Jg.Abt. 654. (nr taktyczny 314, dowódca – sierżant (Feldwebel) Carstens). Brał udział w walkach w ramach „KG Lueders". Uszkodzony 30 lipca 1944 r. w okolicach Migny (Benneville), podczas operacji „Bluecoat" prowadzonej przez KG Leuders. Następnie, w połowie sierpnia, został przetransportowany do Wielkiej Brytanii i tam poddany testom.

Scale/skala: 1/35

www.kagero.eu
www.shop.kagero.pl

Sheet/Arkusz 9

Jagdpanther

TOPDRAWINGS
Drawings/rysował: © Krzysztof Mucha

www.kagero.eu
www.shop.kagero.pl

Scale/skala: 1/35

Jagdpanther

TopDrawings
Drawings/rysował: © Krzysztof Mucha

Sheet/Arkusz 10

Scale/skala: 1/35

www.kagero.eu
www.shop.kagero.pl

Sheet/Arkusz 11

TOPDRAWINGS
Drawings/rysował: © Krzysztof Mucha

Jagdpanther

Scale/skala: 1/35

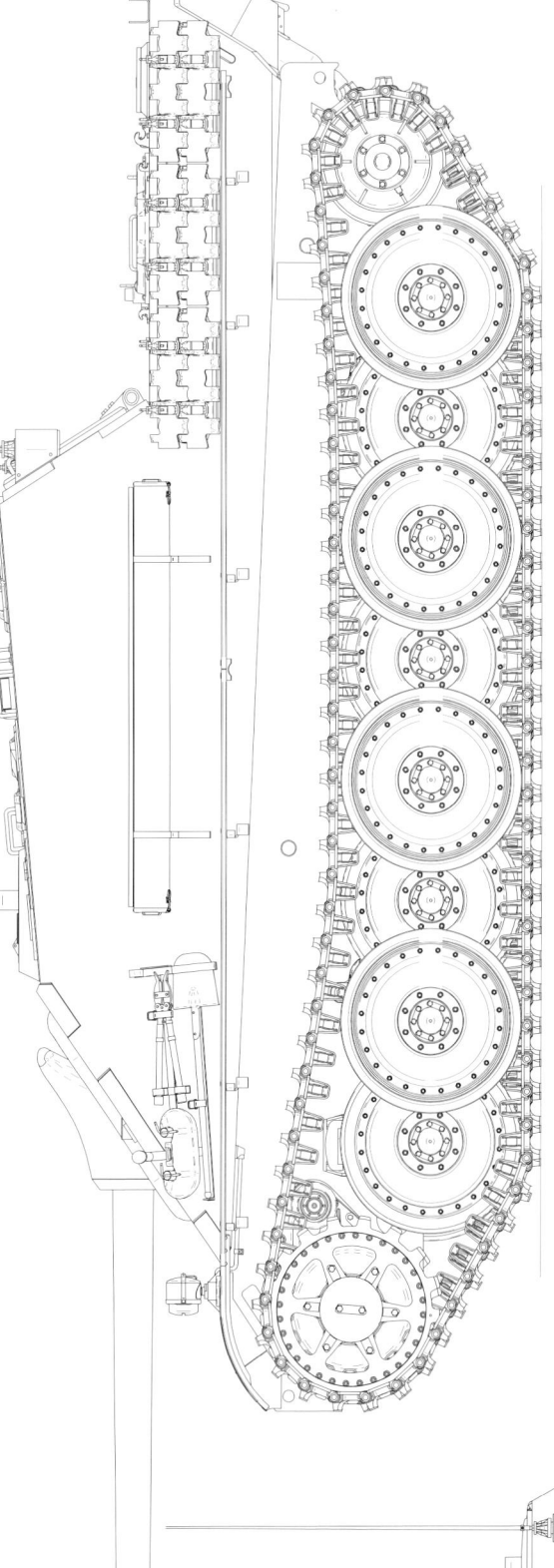

Befehls-Jagdpanther from early MIAG works' production series
- head plate of the combat compartment with one driver's periscope, the opening left by the second periscope covered with a plate,
- early version of yoke cover, cannon's yoke flange screwed from the inside,
- one-piece-barrel Pak 43/3 cannon with a heavy type of muzzle brake,
- anti-personnel grenade launcher (Nahverteidigungswaffe) on combat compartment's upper plate,
- Sternantenne D aerial installed in a FuG 8's armored base on the left of the combat compartment's back wall,
- upper plate's hatches' covers with one lock,
- set of tools, together with bore brush box, is on lower hull's side walls, modified bore brush box's handles probably allowed fixing a spare aerial.
- left exhaust with additional exhaust fumes' cooling pipes,
- early version of idler wheels,
- 86 track link tracks, with spurs,
- Zimmerit coated lower hull.

Serial number 300054 Jagdpanther manufactured by the MIAG works in July 1944. Shipped to the unit as one of eight vehicles in August 1944. It was used by the s.Pz.Jg.Abt. 559's staff (tactical number 01, Commander – Major Sattler). It was destroyed in fall 1944 near the Dutch-Belgian border. Partly restored, it can be seen in London's Imperial War Museum.

Befehls-Jagdpanther z wczesnej serii produkcyjnej zakładów MIAG
- wanna z jednym peryskopem kierowcy, otwór po drugim peryskopie przykryty płytką,
- osłona jarzma armaty wczesnego typu, kołnierz jarzma armaty przykręcany od wewnątrz,
- armata Pak 43/3 o jednoczęściowej lufie i hamulcu wylotowym armaty typu ciężkiego,
- granatnik przeciwpiechotny jako Nahverteidigungswaffe w górnej płycie kadłuba,
- pokrywy włazów na górnej płycie przedziału bojowego z jednym zamkiem,
- po lewej stronie tylnej ściany przedziału bojowego zamontowana antena (Sternantenne D), w opancerzonej podstawie, dla radiostacji FuG 8,
- komplet narzędzi wraz z pojemnikiem na wycior mocowane na bocznych ścianach wanny, zmodyfikowane uchwyty pojemnika na wycior umożliwiały prawdopodobnie mocowanie zapasowej anteny,
- lewy wydech z dodatkowymi rurami do schładzania spalin,
- ogniwa gąsienic z ostrogami, 86 ogniw w gąsienicy,
- koło napinające wczesnego typu,
- kadłub pokryty pastą Zimmerit.

Pojazd o numerze seryjnym 300054 wyprodukowany w lipcu 1944 r. przez zakłady MIAG był jednym z ośmiu, jakie jednostka otrzymała w sierpniu 1944 r.
Był używany przez sztab s.Pz.Jg.Abt. 559 (numer taktyczny 01, dowódca – major Sattler). Zniszczony na jesieni 1944 r. przy granicy belgijsko-holenderskiej. Obecnie, częściowo odrestaurowany, znajduje się w Imperial War Museum w Londynie.

www.kagero.eu
www.shop.kagero.pl

Jagdpanther

Sheet/Arkusz 13

Drawings/rysował: © Krzysztof Mucha

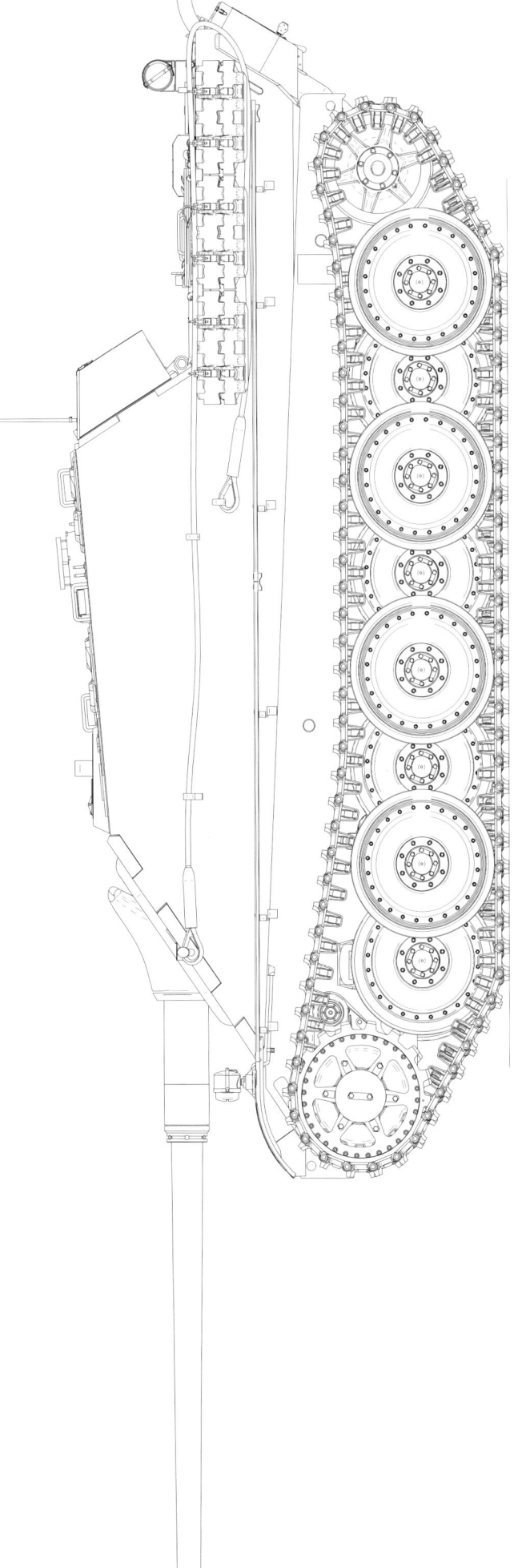

Early MIAG factory's production Jagdpanther
– hull with one driver's periscope with a small gutter overhead,
– the opening left by the second periscope covered with a plate,
– early version of yoke cover, cannon's yoke flange screwed from the inside,
– two-piece Pak 43/3 cannon with a light type of muzzle brake (reworked 7,5cm Pak L/71's brake),
– early version of machine gun cover,
– lack of sheet metal shields,
– bore brush box and spare aerial storage bins moved onto engine covering plate bearing traces of the original position,
– an extra storage bin placed on back wall of the combat compartment,
– anti-personnel grenade launcher on combat compartment's upper plate,
– upper plate's hatches' covers with one lock,
– back hull's jack installed vertically,
– single exhaust pipes with cast shields,
– lack of tools set fixed on side walls of hull, moved to the back wall of lower hull and onto engine covering plate,
– the only visible traces are left by towing rope shackles,
– late version of idler wheels (diameter: 660 mm),
– 87 track link tracks, without spurs,
– Zimmerit coated lower hull.

Tactical mark 332 Jagdpanther of s.Pz.Jg.abt. 654. The vehicle took part in the battle of Falaise in July 1944.

Jagdpanther z wczesnej serii produkcyjnej zakładów MIAG
– wanna z jednym peryskopem kierowcy, nad peryskopem rynienka,
– otwór po drugim peryskopie przykryty płytką,
– osłona jarzma armaty wczesnego typu, kołnierz jarzma armaty przykręcany od wewnątrz,
– armata Pak 43/3 o dwuczęściowej lufie i hamulcu wylotowym armaty typu lekkiego (przerobiony hamulec armaty 7,5 cm Pak L/71),
– osłona km-u wczesnego typu,
– brak ekranów płytowych,
– pojemnik na wycior i zapasowe anteny przeniesiony na płytę silnikową zawiera jeszcze widoczne ślady po pierwotnym sposobie mocowania,
– dodatkowy pojemnik zamocowany na tylnej ścianie przedziału bojowego,
– granatnik przeciwpiechotny w górnej płycie przedziału bojowego,
– pokrywy włazów na górnej płycie przedziału bojowego z jednym zamkiem,
– podnośnik na tylnej płycie wanny mocowany pionowo,
– pojedyncze rury wydechowe, odlewane osłony wylotów rur wydechowych,
– brak narzędzi na bocznych ścianach wanny, które zostały przeniesione na tylną ścianę wanny i na płytę silnikową,
– na bocznych ścianach widoczne jedynie zaczepy na liny holownicze,
– koło napinające późnego typu (o średnicy 660 mm),
– ogniwa gąsienic bez ostróg, 87 ogniw w gąsienicy,
– kadłub pokryty pastą Zimmerit.

Jagdpanther o numerze taktycznym 332 ze s.Pz.Jg.Abt. 654. Brał udział w bitwie pod Falaise w lipcu 1944 r.

Scale/skala: 1/35

Jagdpanther

TOPDRAWINGS — Drawings/rysował: © Krzysztof Mucha

Sheet/Arkusz 14

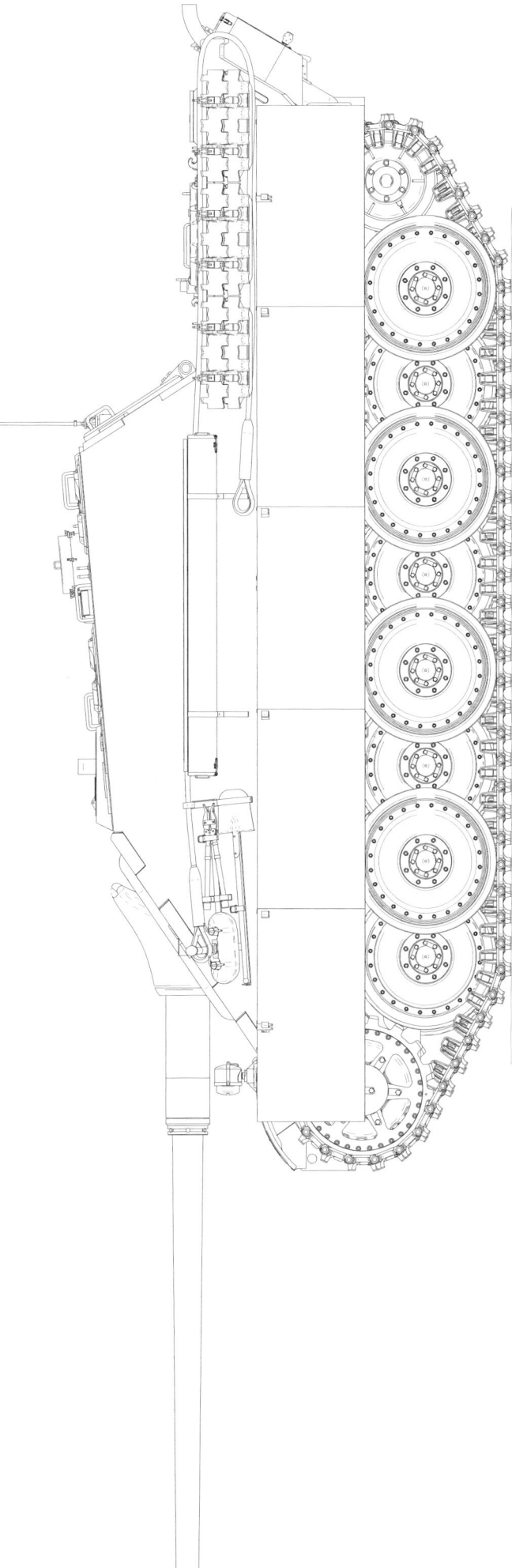

Early MIAG factory's production Jagdpanther
— head plate of the combat compartment with one driver's periscope with a small gutter overhead,
— the opening left by the second periscope covered with a plate,
— early version of yoke cover, cannon's yoke flange screwed from the inside,
— main fan's cover on combat compartment's upper plate covered with a detachable lid,
— upper plate's hatches' covers with one lock,
— early version of machine gun cover,
— set of tools, together with bore brush box installed on lower hull's side walls,
— anti-personnel grenade launcher (Nahverteidigungswaffe) on combat compartment's upper plate,
— early version of idler wheels,
— 86 track link tracks, with spurs,
— Zimmerit coated lower hull.
Vehicle manufactured in July 1944 by the MIAG works. It was used during s.Pz.JgAbt.654's 1st company's training that took place near Mailly le Camp in the beginning of August 1944. Brand new Jagdpanthers had not been modified because service platoon was dealing with 2nd and 3rd company at that time. The companies fought in invasion front.

Jagdpanther z wczesnej serii produkcyjnej zakładów MIAG
— wanna z jednym peryskopem kierowcy, nad peryskopem rynienka,
— otwór po drugim peryskopie przykryty płytką,
— osłona jarzma armaty wczesnego typu, kołnierz jarzma armaty przykręcany od wewnątrz,
— dwuczęściowa lufa armaty,
— osłona wentylatora głównego na górnej płycie przedziału bojowego przykryta zdejmowaną pokrywą,
— pokrywy włazów na górnej płycie przedziału bojowego z jednym zamkiem,
— osłona km-u wczesnego typu,
— komplet narzędzi wraz z pojemnikiem na wycior mocowane na bocznych ścianach wanny,
— granatnik przeciwpiechotny Nahverteidigungswaffe w górnej płycie przedziału bojowego,
— koło napinające wczesnego typu,
— ogniwa gąsienic z ostrogami, 86 ogniw w gąsienicy,
— kadłub pokryty pastą Zimmerit.
Pojazd wyprodukowany w lipcu 1944 r. przez zakłady MIAG. Używany podczas ćwiczeń 1. kompanii s.Pz.Jg.Abt. 654 w okolicach Mailly le Camp na początku sierpnia 1944 r. Fabrycznie nowe Jagdpanther nie zostały zmodyfikowane, ponieważ pluton warsztatowy obsługiwał w tym czasie 2. i 3. kompanię walczące na froncie inwazyjnym.

Scale/skala: 1/35

www.kagero.eu
www.shop.kagero.pl

Jagdpanther

Sheet/Arkusz 15

Drawings/rysował: © Krzysztof Mucha

Transitional MIAG factory's production period's Jagdpanther
- hull with one driver's periscope,
- the opening left by the second periscope covered with a plate,
- "Inverted V" type of small gutter over periscopes, anti-periscope cover, cover in front of periscope,
- early version of yoke cover, cannon's yoke flange screwed from the inside,
- one-piece cannon's barrel,
- early version of machine gun cover,
- lack of sheet metal shields,
- an extra storage bin placed on back wall of the combat compartment,
- upper plate's hatches' covers with two locks,
- lack of 2t crane's installation Pilzen,
- bore brush box installed crosswise on engine covering plate,
- early version of idler wheels,
- 86 track link tracks, with spurs,
- lack of Zimmerit coating.

MIAG works' production Jagdpanther manufactured in August 1944, used by s.Pz.Jg.Abt. 654 and destroyed on March 13th 1945 in the area of Kaimig-Ginsterhahn.

Jagdpanther z przejściowej serii produkcyjnej zakładów MIAG
- wanna z jednym peryskopem kierowcy,
- otwór po drugim peryskopie przykryty płytką,
- rynienka nad peryskopami typu „odwrócone V", osłona przed peryskopem,
- wczesny wariant przykręcanego od zewnątrz kołnierza osłony jarzma armaty,
- lufa jednoczęściowa,
- wczesna osłona km-u,
- brak ekranów płytowych,
- dodatkowy pojemnik na tylnej ścianie przedziału bojowego,
- pokrywy włazów na górnej płycie przedziału bojowego z dwoma zamkami,
- pojazd nie posiadał „grzybków" do mocowania dźwigu 2 t,
- pojemnik na wycior zamontowany poprzecznie na płycie silnikowej,
- gąsienice z ostrogami, 86 ogniw w gąsienicy,
- koło napinające wczesnego typu,
- brak pasty Zimmerit.

Pojazd produkcji zakładów MIAG z sierpnia 1944 r., używany przez s.Pz.Jg.Abt. 654, zniszczony 13 marca 1945 r. w rejonie Kaimig-Ginsterhahn.

Scale/skala: 1/35

www.kagero.eu
www.shop.kagero.pl

Jagdpanther Ausf. G1 (tactical number: black 233) of 2./s.Pz.Jg.Abt. 655. This MNH production vehicle was destroyed during the fights in Kleve area, in the beginning of February 1945. The factory-applied camouflage pattern had been probably completed after transferring to the unit.

Jagdpanther Ausf. G1 (nr taktyczny: czarne 233) z 2./s.Pz.Jg.Abt. 655. Pojazd został wyprodukowany przez zakład MNH. Uległ zniszczeniu w czasie walk w rejonie Kleve na początku lutego 1945 r. Fabryczny kamuflaż został najprawdopodobniej dokończony już w jednostce.

Jagdpanther Ausf. G1 (tactical number: white 401) of 4./SS-Pz.Rgt. 9. It was one of ten Jagdpanthers attached to 9. SS-Pz.Div. Hohenstaufen in February 1945. This example was abandoned in Veszprém area (Hungary) in March 1945.

Jagdpanther Ausf. G1 (nr taktyczny: białe 401) z 4./SS-Pz.Rgt. 9. Był to jeden z dziesięciu wozów przekazanych 9. Dywizji Pancernej SS Hohenstaufen w lutym 1945 r. Prezentowany egzemplarz został porzucony w okolicy węgierskiego miasta Veszprém w marcu 1945 r.

Painted by / Malował:
Arkadiusz Wróbel

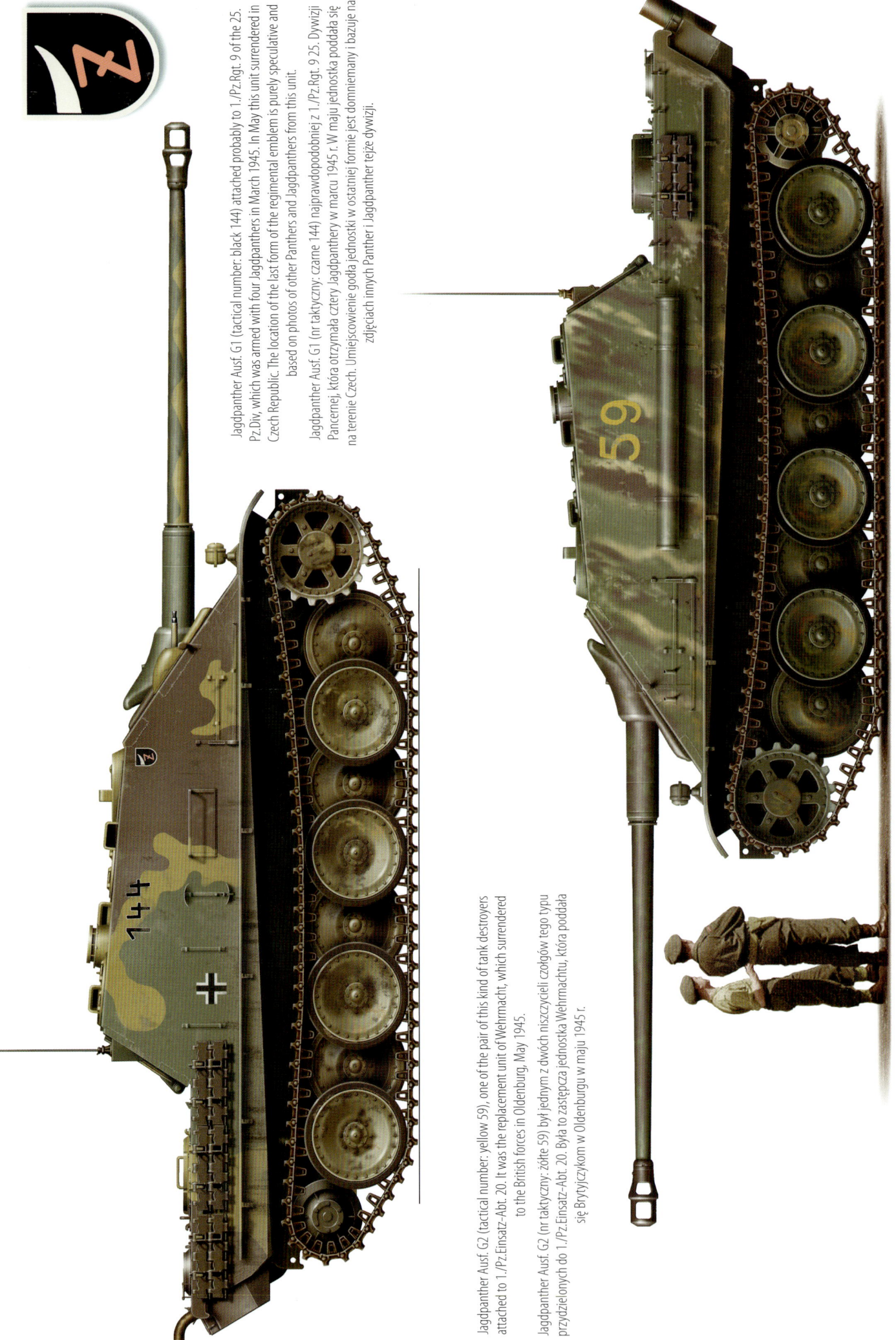

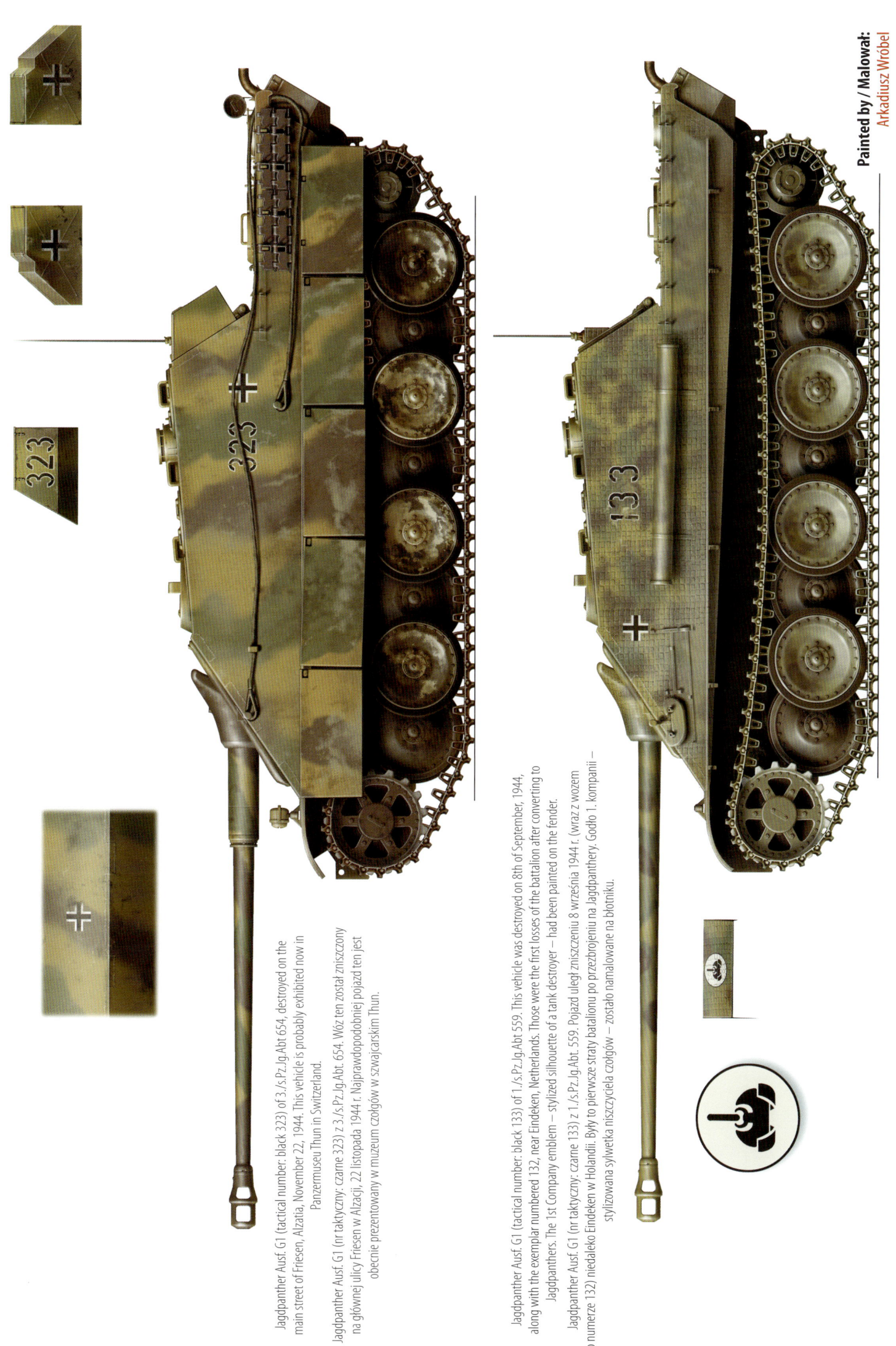

Painted by / Malował:
Adam Rejmak

Jagdpanther Ausf. G2 from the last production series of the MIAG factory.
Jagdpanther Ausf. G2 z ostatniej serii produkcyjnej zakładów MIAG.

Jagdpanther Ausf. G2 from the last production series of the MNH factory.
Jagdpanther Ausf. G2 z ostatniej serii produkcyjnej zakładów MNH.

Jagdpanther

Sheet/Arkusz 16

TOPDRAWINGS
Drawings/rysował: © Krzysztof Mucha

Scale/skala: 1/35

Jagdpanther

Sheet/Arkusz 17

Drawings/rysował © Krzysztof Mucha

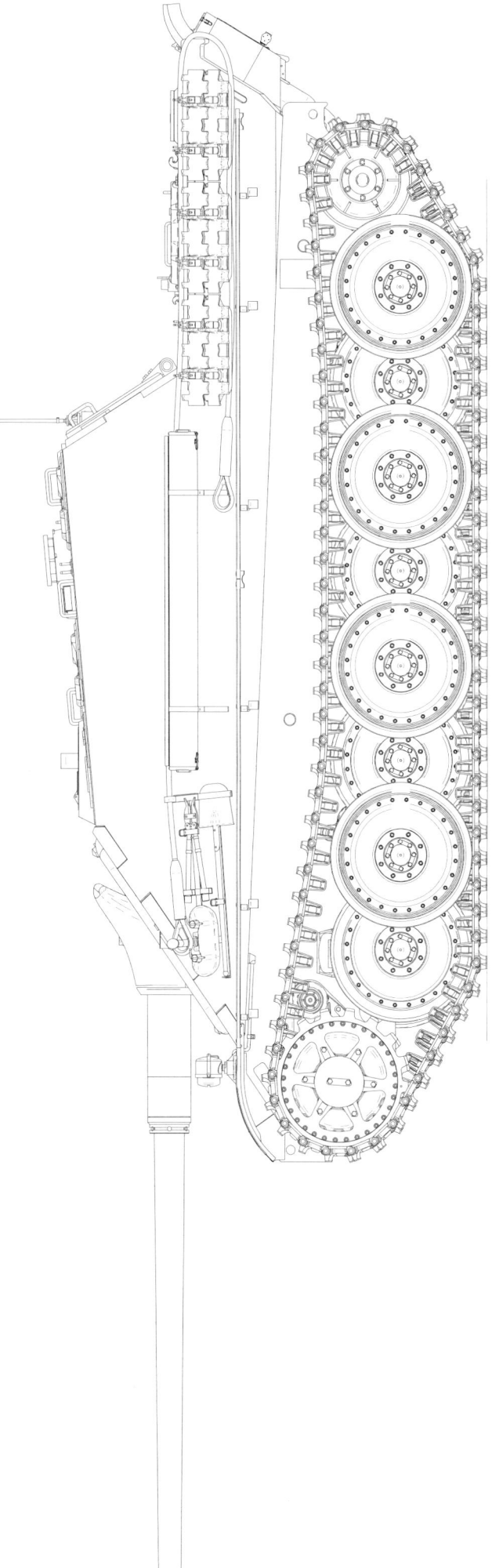

Transitional MIAG factory's production period's Jagdpanther
— hull with one driver's periscope,
— the opening left by the second periscope covered with a plate,
— "Inverted V" type of small gutter over periscopes, anti-periscope cover, cover in front of periscope,
— early version of yoke cover, cannon's yoke flange screwed from the inside,
— two-piece cannon's barrel,
— a riser head with an opening in cannon's cover,
— early version of machine gun cover,
— lack of sheet metal shields,
— upper plate's hatches' covers with two locks,
— lack of 2t crane's installation Pilzen,
— tool set placed on hull's side walls,
— early version of idler wheels,
— track links with (or without) spurs,
— lack of Zimmerit coating.

MIAG works' production Jagdpanther manufactured probably in September 1944. Tactical marking 121 of an unidentified unit. Captured by Americans and shipped to the USA. Its after-war fate is not known. It's a pity, because it would make an interesting museum piece due to its early version of yoke cover, and the cannon's yoke flange screwed from the inside.

Jagdpanther z przejściowej serii produkcyjnej zakładów MIAG
— wanna z jednym peryskopem kierowcy,
— otwór po drugim peryskopie przykryty płytką,
— rynienka nad peryskopami typu „odwrócone V",
— wczesny wariant przykręcanego od zewnątrz kołnierza jarzma armaty,
— lufa armaty składająca się z dwóch części,
— nadlewka z otworem w osłonie armaty,
— wczesna osłona km-u,
— brak ekranów płytowych,
— pokrywy włazów na górnej płycie przedziału bojowego z dwoma zamkami,
— pojazd nie posiadał „grzybków" do mocowania dźwigu 2 t,
— komplet narzędzi mocowany na bocznych ścianach wanny,
— wczesne koło napinające,
— ogniwa gąsienic z ostrogami (lub bez ostróg),
— brak pasty Zimmerit.

Pojazd produkcji zakładów MIAG prawdopodobnie z września 1944 r. Numer taktyczny 121 nieustalonej jednostki. Zdobyty przez Amerykanów, został następnie przetransportowany do USA. Jego powojenne losy nie są znane, a byłby to ciekawy egzemplarz muzealny z uwagi na wczesną wersję kołnierza osłony jarzma przykręcanego od zewnątrz.

Scale/skala: 1/35

www.kagero.eu
www.shop.kagero.pl

Sheet/Arkusz 18

TOPDRAWINGS
Drawings/rysował: © Krzysztof Mucha

Jagdpanther

Scale/skala: 1/35

Jagdpanther

TOPDRAWINGS — Drawings/rysował: © Krzysztof Mucha

Sheet/Arkusz 19

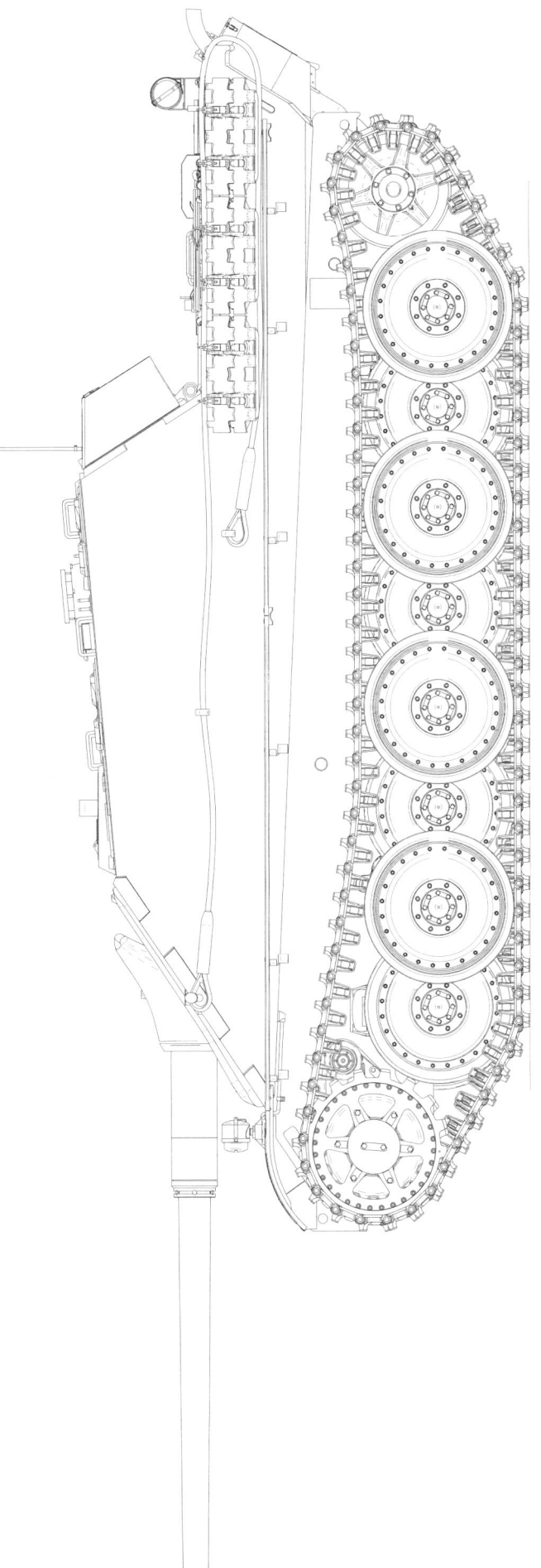

Transitional MIAG factory's production period's Jagdpanther
- hull with one driver's periscope,
- the opening left by the second periscope covered with a plate,
- anti-ricochet plate in front of the periscope,
- ultimate version of cannon's yoke flange screwed from the inside,
- two-piece cannon's barrel,
- a riser head with an opening in cannon's cover,
- late version of machine gun cover,
- lack of sheet metal shields,
- upper plate's hatches' covers with two locks,
- 2t crane's installation Pilzen on combat compartment's upper plate in a layout characteristic for MIAG works in that time, cut cone-shaped Pilzen,
- tool set fixed on engine compartment's upper plate and on back wall of hull,
- late version of idler wheels,
- 87 track link tracks, with spurs,
- lack of Zimmerit coating.

MIAG works' production Jagdpanther manufactured in August 1944, used by s.Pz.Jg.Abt. 654. Currently exhibited in museum of Thun, Switzerland. Unfortunately, due to the preservation carried out during the last few years, and because of passage of time, the vehicle lost almost all of the equipment items characteristic to s.Pz.Jg.Abt. 654. It was probably the last one with preserved crosswise-installed bore brush box.

Jagdpanther z przejściowej serii produkcyjnej zakładów MIAG
- wanna z jednym peryskopem kierowcy,
- otwór po drugim peryskopie przykryty płytką,
- przed peryskopem osłona przeciw rykoszetom,
- ostateczny wariant przykręcanego od zewnątrz kołnierza jarzma armaty,
- lufa armaty składająca się z dwóch części,
- nadlewka z otworem w osłonie armaty,
- osłona km-u późnego typu,
- brak ekranów płytowych,
- pokrywy włazów na górnej płycie przedziału bojowego z dwoma zamkami,
- grzybki (Pilzen) do mocowania dźwigu 2 t na górnej płycie przedziału bojowego w układzie charakterystycznym dla zakładów MIAG z tego okresu, grzybki miały kształt ściętego stożka,
- narzędzia mocowane na płycie przykrywającej przedział silnikowy i na tylnej ścianie wanny,
- koło napinające późnego typu,
- ogniwa gąsienic z ostrogami (87 ogniw w gąsienicy),
- brak pasty Zimmerit.

Jagdpanther produkcji zakładów MIAG, prawdopodobnie z października 1944 r. Pojazd należał do s.Pz.Jg.Abt. 654. Obecnie znajduje się w muzeum w Thun w Szwajcarii. Niestety, upływ czasu i prace konserwacyjne prowadzone w ostatnich latach spowodowały, że stracił on prawie wszystkie charakterystyczne elementy wyposażenia s.Pz.Jg.Abt. 654. Między innymi był prawdopodobnie ostatnim, na którym zachował się pojemnik na wycior zamontowany poprzecznie na płycie silnikowej.

Scale/skala: 1/35

www.kagero.eu
www.shop.kagero.pl

Sheet/Arkusz 20

TOPDRAWINGS
Drawings/rysował: © Krzysztof Mucha

Jagdpanther

Scale/skala: 1/35

Jagdpanther

Sheet/Arkusz 21

TOPDRAWINGS
Drawings/rysował: © Krzysztof Mucha

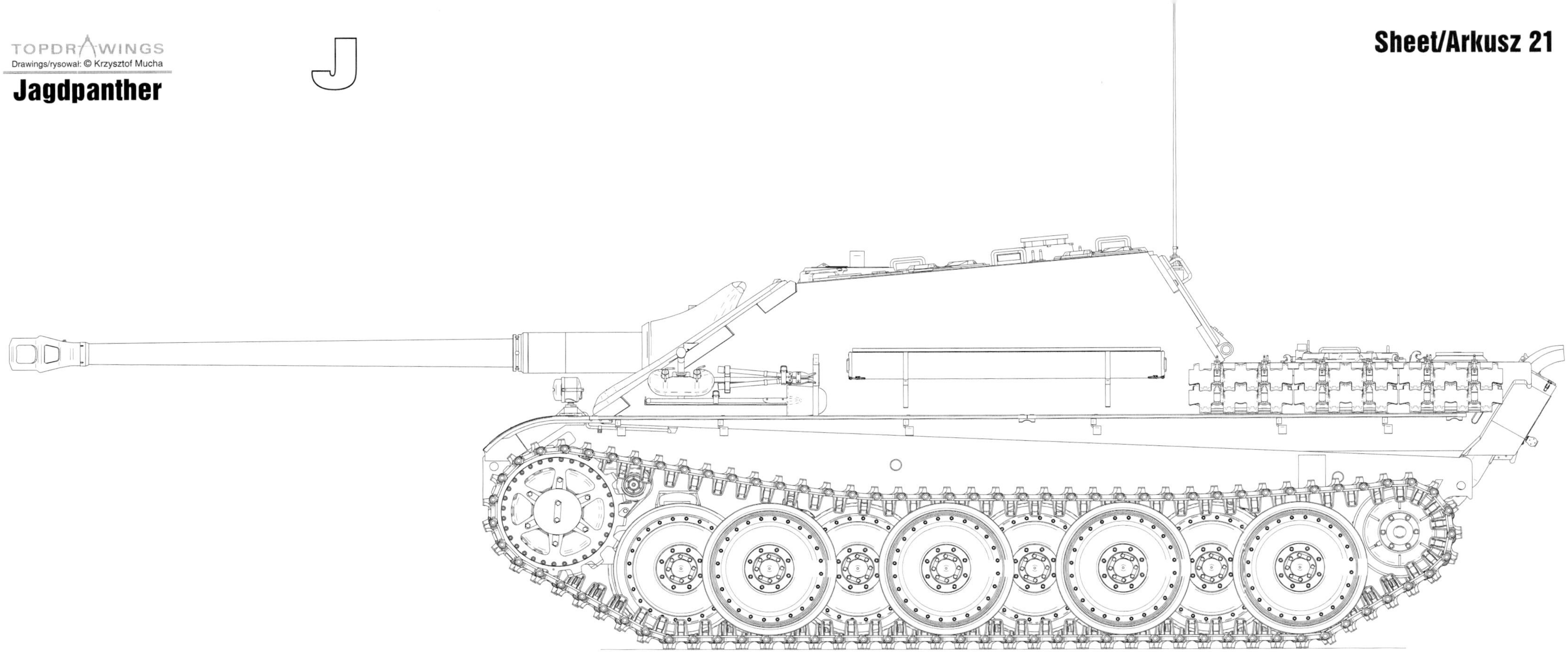

Transitional production period's Jagdpanther from the beginning of MNH factory's production
- hull with one driver's periscope,
- ultimate version of cannon's yoke flange screwed from the inside,
- two-piece cannon's barrel,
- side fan moved onto front of combat compartment's upper plate,
- lack of sheet metal shields,
- late version of machine gun cover,
- left exhaust with additional pipe, exhaust pipes with shields,
- lack of 2t crane's installation Pilzen.
- tool set installed on hull's side walls. The MNH works used Panther tank mud guards with an opening for a shovel. Thus the left frame (with a shovel) was installed horizontally,
- aerial's openings on the left of the combat compartment's back wall plugged with round plugs,
- early version of idler wheels,
- 86 track link tracks, with spurs,

Serial number 303018 Jagdpanther manufactured by the MNH works in November 1944. Captured by Americans during the Ardennes offensive and transported to the USA. It can still be seen in Aberdeen Proving Grounds museum. Its sister vehicle can be seen in the museum of Kubinka. The vehicle is equipped with the Pilzen welded on the upper plate of the combat compartment.

Jagdpanther reprezentujący serię przejściową z początków produkcji zakładów MNH
- wanna z jednym peryskopem kierowcy,
- ostateczny wariant osłony jarzma armaty z kołnierzem przykręcanym od zewnątrz,
- dwuczęściowa lufa armaty,
- osłona km-u późnego typu,
- boczny wentylator przesunięty na przód górnej płyty przedziału bojowego,
- brak ekranów płytowych,
- lewy wydech z dodatkowymi rurami, rury wydechowe z osłonami,
- pojazd nie posiadał „grzybków" do mocowania dźwigu 2 t,
- komplet narzędzi mocowany na bocznych ścianach wanny. W Jagdpanther montowanych w MNH wykorzystywano błotniki czołgów Panther, w których lewy błotnik miał wycięcie pod łopatę. Stąd lewy stelaż z łopatą był przyspawany w pozycji poziomej,
- otwory na antenę po lewej stronie tylnej ściany przedziału bojowego zaślepione okrągłymi zaślepkami,
- koło napinające wczesnego typu,
- ogniwa gąsienic z ostrogami, 86 ogniw w gąsienicy,

Jagdpanther o numerze seryjnym 303018 wyprodukowany przez zakłady MNH w listopadzie 1944 r. Zdobyty przez Amerykanów podczas ofensywy w Ardenach, został przetransportowany do USA i do dzisiejszego dnia stoi w muzeum Aberdeen Proving Grounds. Bliźniaczy Jagdpanther znajduje się w muzeum w Kubince. Egzemplarz posiada przyspawane grzybki (Pilzen) na górnej płycie przedziału bojowego.

Scale/skala: 1/35

www.kagero.eu
www.shop.kagero.pl

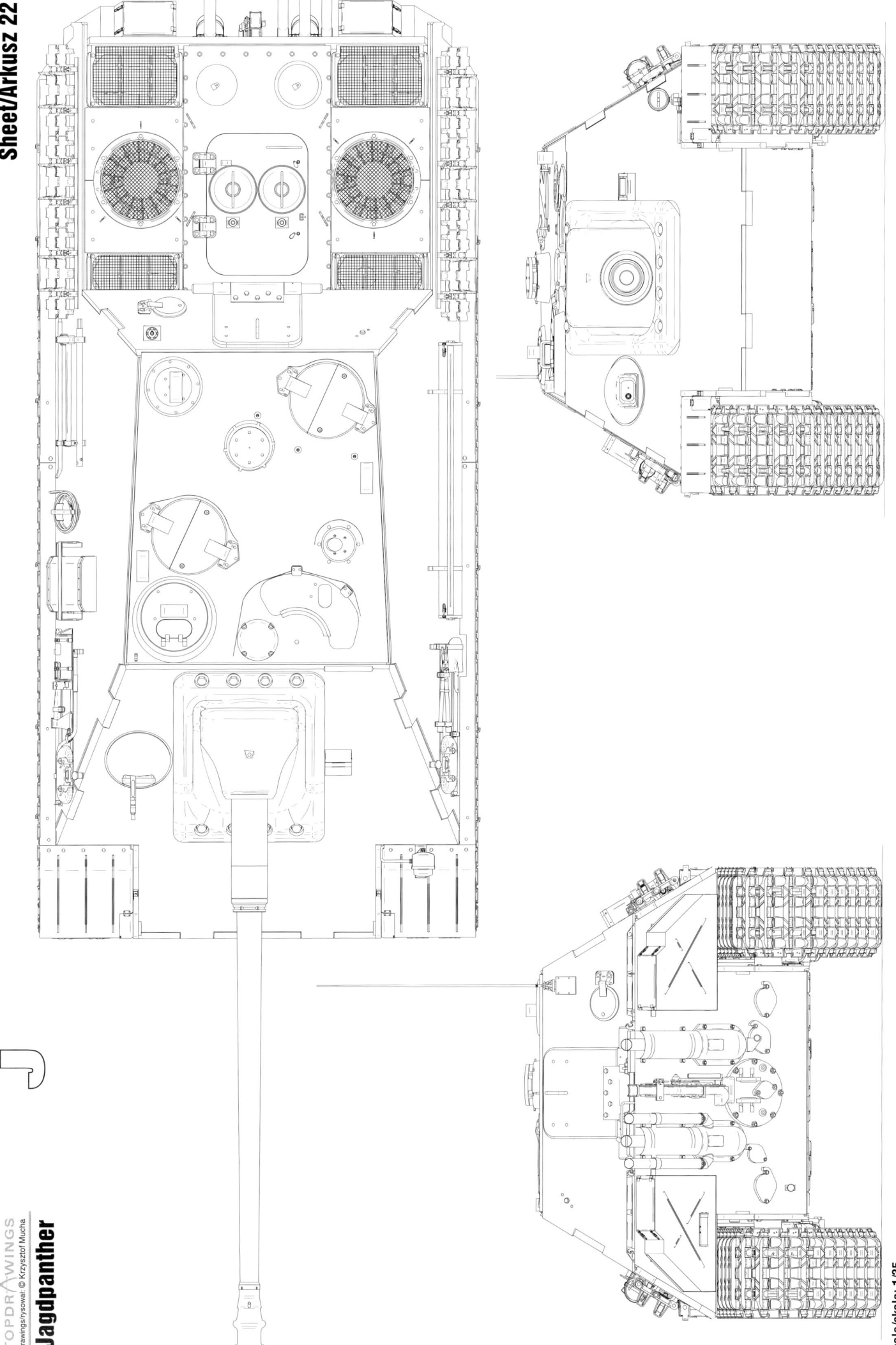

Jagdpanther

Sheet/Arkusz 23

TOPDRAWINGS
Drawings/rysował © Krzysztof Mucha

Track supporting roller behind drive wheel
Rolka podtrzymująca gąsienicę za kołem napędowym

www.kagero.eu
www.shop.kagero.pl

Scale/skala: 1/35

Jagdpanther

Sheet/Arkusz 24

TOPDRAWINGS
Drawings/rysował: © Krzysztof Mucha

Full metal slide behind drive wheel
Metalowy ślizgacz gąsienicy za kołem napędowym

www.kagero.eu
www.shop.kagero.pl

Scale/skala: 1/35

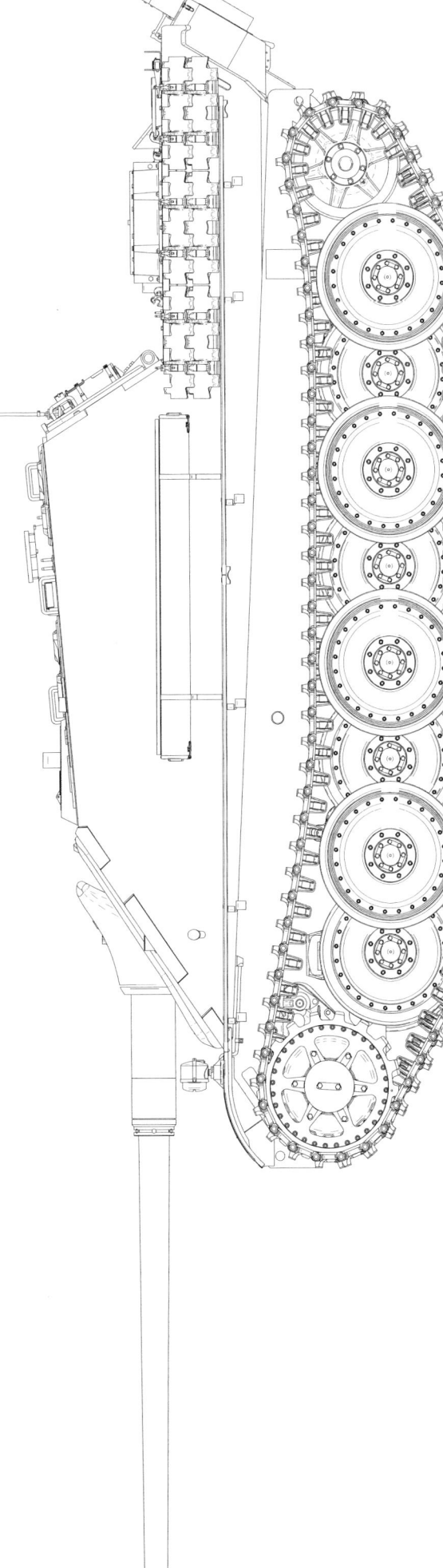

Jagdpanther

NMH factory's Jagdpanther coming from its last production series
– hull with one driver's periscope,
– ultimate version of cannon's yoke flange screwed from the inside,
– two-piece cannon's barrel,
– lack of sheet metal shields,
– Flammvernichter type exhaust, welded exhaust outlets' covers,
– Nahverteidigungswaffe anti-personnel grenade launcher on upper plate of the combat compartment,
– improved version of the engine covering plate with changes identical as the ones introduced to the version G of the Pz.Kpfw. V Panther tank,
– rectangular rear ventilation openings covered with the same mesh as the front ones, the remaining parts of the openings covered with rectangular sheet metal plates and welded over,
– armored engine compartment's air inlet's cover,
– improved shape of engine compartment's air inlet's covers, air inlets removed from engine compartment's lid,
– higher, full-metal wheels without rubber bands, rear hatch's rubber bumping blocks,
– late version of idler wheels,
– 87 track link tracks,
– bore brush box situated on hull's left side wall, jack's wooden box's grip on right side wall of hull (moved back),
– remaining tools placed on engine covering plate (hammer, rope handles), on combat compartment's back wall (shovel and extinguisher) and on the hull's back wall,
– lack of rear shock absorbers,
– track supporting rollers behind drive wheels replaced with full metal slides,
Serial number 303094 Jagdpanther manufactured in the turn of February/March 1945 by the MNH works.
Used in the western front, it was captured by the British in April 1945.
Given as a present to Germans in July 1961, is currently exhibited in the museum of Munster. Unfortunately, it lost most of the original appearance.

Jagdpanther z ostatniej serii produkcyjnej zakładów MNH
– wanna z jednym peryskopem kierowcy,
– ostateczny wariant osłony jarzma armaty z kołnierzem przykręcanym od zewnątrz,
– dwuczęściowa lufa armaty,
– brak ekranów płytowych,
– „grzybki" na górnej płycie do mocowania dźwigu 2 t,
– wydech typu Flammvernichter, spawane osłony wylotów rur wydechowych,
– granatnik przeciwpiechotny Nahverteidigungswaffe w górnej płycie przedziału bojowego,
– zmodyfikowana płyta przykrywająca przedział silnikowy według zmian wprowadzonych dla Pz.Kpfw. V Panther Aus. G:
– tylne, prostokątne otwory wentylacyjne przykryte taką samą kratką jak przednie, pozostałe części otworów przykryte prostokątnymi kawałkami blachy i zaspawane,
– pancerna osłona wlotu powietrza do wentylacji przedziału silnikowego,
– zmodyfikowany kształt osłon wlotu powietrza do przedziału silnikowego, usunięte osłony wlotu powietrza w klapie przedziału silnikowego,
– wyższe, całkowicie metalowe (bez gumowych podkładek) odbojnice klapy tylnego włazu przedziału bojowego,
– koło napinające późnego typu,
– 87 ogniw w każdej gąsienicy,
– pojemnik na wycior zamontowany na lewej, bocznej ścianie wanny, uchwyt na klocek pod podnośnik na prawej, bocznej ścianie wanny (przesunięty do tyłu),
– pozostałe narzędzia mocowane były na płycie silnikowej (młot, uchwyty do liny), na tylnej ścianie przedziału bojowego (łopata i gaśnica) i na tylnej ścianie wanny,
– brak tylnych amortyzatorów,
– rolki podtrzymujące gąsienice za kołem napędowym zastąpione całkowicie metalowymi ślizgaczami.
Jagdpanther o numerze seryjnym 303094 wyprodukowany na przełomie lutego/marca 1945 r. przez zakłady MNH.
Używany na froncie zachodnim, został zdobyty przez Brytyjczyków w kwietniu 1945 r. Podarowany Niemcom w lipcu 1961 r., obecnie jest eksponowany w muzeum w Munster. Niestety, w okresie powojennym, stracił wiele z oryginalnego wyglądu.

Sheet/Arkusz 25

TOPDRAWINGS
Drawings/rysował: © Krzysztof Mucha

Scale/skala: 1/35

www.kagero.eu
www.shop.kagero.pl

Jagdpanther

Sheet/Arkusz 26

TOPDRAWINGS
Drawings/rysował: © Krzysztof Mucha

Scale/skala: 1/35

Jagdpanther

TOPDRAWINGS
Drawings/rysował: © Krzysztof Mucha

Sheet/Arkusz 27

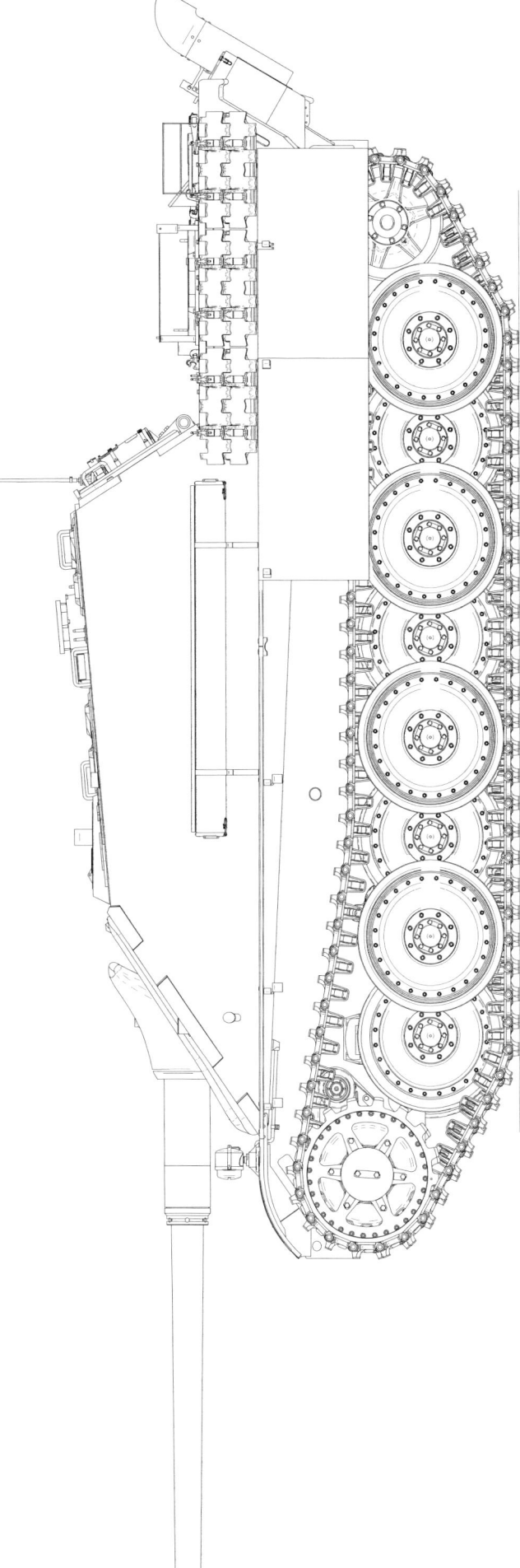

MIAG factory's Jagdpanther from its last production series
- hull with one driver's periscope,
- ultimate version of cannon's yoke flange screwed from the inside,
- two-piece cannon's barrel,
- sheet metal shields,
- 2t. crane's installation Pilzen,
- "Flammvernichter" type exhaust, welded exhaust outlets' covers,
- improved version of the engine covering plate with changes identical as the ones introduced to the version G of the Pz.Kpfw. V Panther tank,
- rectangular rear ventilation openings covered with the same mesh as the front ones, the remaining parts of the openings covered with rectangular sheet metal plates and welded over,
- anti-shrapnel shields over the rear air inlets (welded, permanently fixed) and over outlet fans (swingable lids, screwed to a frame)
- armoured engine compartment's air inlet's cover,
- improved shape of engine compartment's air inlet's covers,
- higher full-metal rear hatch's lids' bumping blocks
- late version of idler wheels,
- 87 track link tracks,
- bore brush box situated on hull's left side wall, jack's wooden box's grip on right side wall of hull (moved back),
- remaining tools placed on engine covering plate (hammer, rope handles), on combat compartment's back wall (shovel and extinguisher) and on the hull's back wall,
- lack of rear shock absorbers.

Vehicle manufactured in March 1945 by the MIAG works. Seized on April 7th 1945 together with 34 remaining vehicles directly from the factory. The vehicle belonged to 4th company of II.Abt.Pz. Lehr reg. 130 (tactical number 823).

Jagdpanther z ostatniej serii produkcyjnej zakładów MIAG
- wanna z jednym peryskopem kierowcy,
- przykręcany odlewany kołnierz osłaniający armatę (wariant ostateczny),
- dwuczęściowa lufa armaty,
- ekrany płytowe,
- „grzybki" na górnej płycie do mocowania dźwigu 2 t,
- wydech typu Flammvernichter, spawane osłony wylotów rur wydechowych,
- granatnik przeciwpiechotny Nahverteidigungswaffe w górnej płycie przedziału bojowego,
- zmodyfikowana płyta przykrywająca przedział silnikowy według zmian wprowadzonych dla Pz.Kpfw. V Panther Aus. G:
- tylne, prostokątne otwory wentylacyjne przykryte taką samą kratką jak przednie, pozostałe części otworów przykryte prostokątnymi kawałkami blachy i zaspawane,
- osłony przeciw odłamkom nad tylnymi wlotami powietrza (spawane, mocowane na stałe) i nad wentylatorami wyciągowymi (odchylane klapy, przykręcane do stelaża),
- pancerna osłona wlotu powietrza do wentylacji przedziału silnikowego,
- zmodyfikowany kształt osłon wlotu powietrza do przedziału silnikowego,
- wyższe, całkowicie metalowe (bez gumowych podkładek) odbojnice klapy tylnego włazu przedziału bojowego,
- koło napinające późnego typu,
- 87 ogniw w każdej gąsienicy,
- pojemnik na wycior zamontowany na lewej, bocznej ścianie wanny, uchwyt na klocek pod podnośnik na prawej, bocznej ścianie wanny (przesunięty do tyłu),
- pozostałe narzędzia mocowane były na płycie silnikowej (młot, uchwyty do liny), na tylnej ścianie przedziału bojowego (łopata i gaśnica) i na tylnej ścianie wanny,
- brak tylnych amortyzatorów.

Pojazd wyprodukowany w marcu 1945 r. przez zakłady MIAG. Przejęty 7 kwietnia 1945 r. wraz z pozostałymi 34 pojazdami bezpośrednio z zakładu produkcyjnego. Pojazd należał do 4. kompanii II. Abt. Pz. Lehr Reg. 130 (numer taktyczny 823).

Scale/skala: 1/35

www.kagero.eu
www.shop.kagero.pl

Jagdpanther

Sheet/Arkusz 28

TOPDRAWINGS
Drawings/rysował: © Krzysztof Mucha

Scale/skala: 1/35

www.kagero.eu
www.shop.kagero.pl

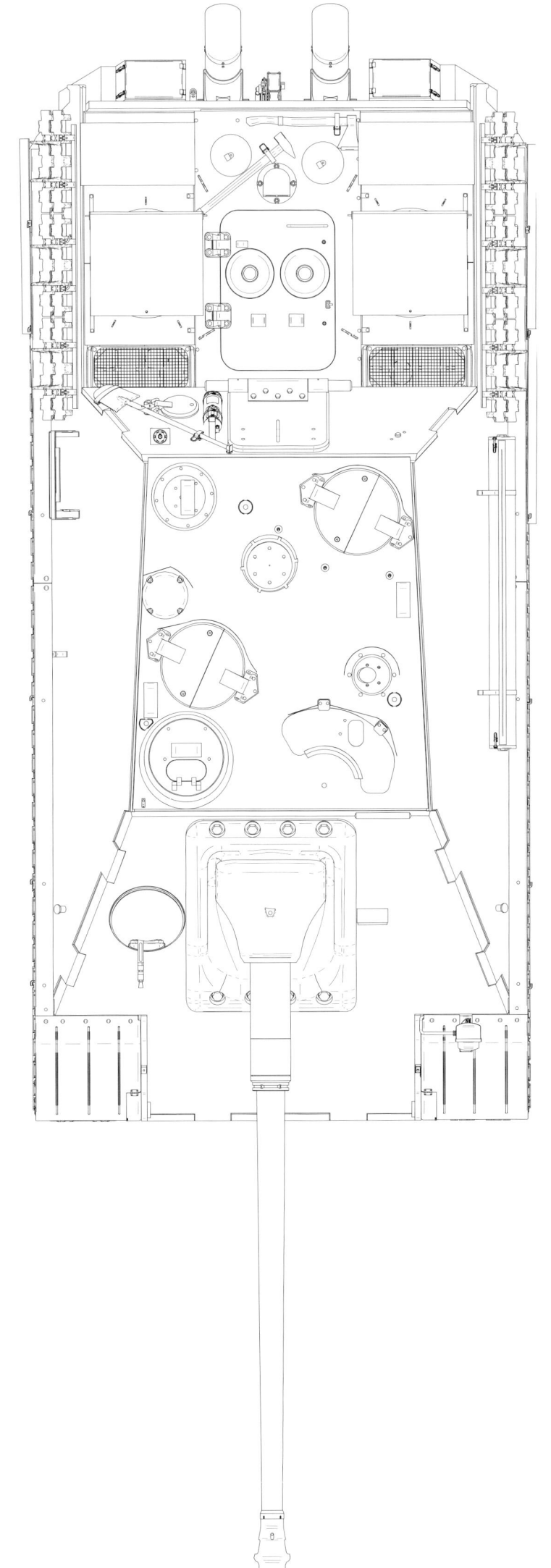

Jagdpanther

Sheet/Arkusz 30

Visit our shop online shop.kagero.pl

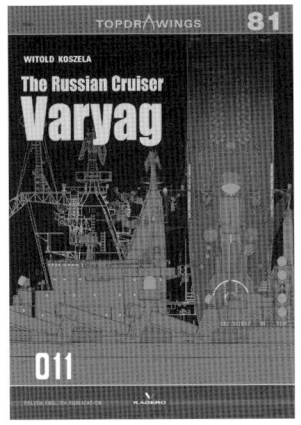

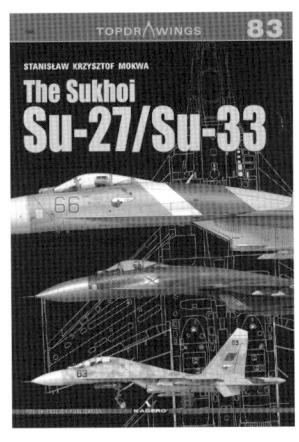

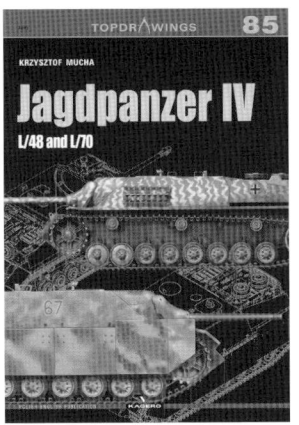

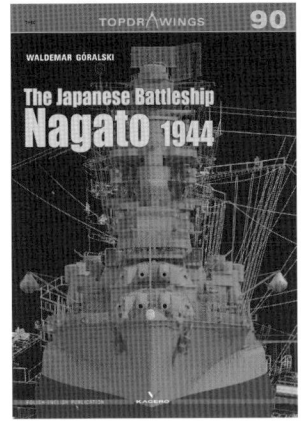

TOPDRAWINGS — BEST SCALE DRAWINGS BOOKS